CHRISTA SPILLING-NÖKER

# SUCHE DAS *Glück* UND FINDE DICH SELBST

CHRISTA SPILLING-NÖKER

# SUCHE DAS *Glück* UND FINDE DICH SELBST

HERDER FREIBURG • BASEL • WIEN

# 12 WEGE ZUM *Glück*

# *Vorwort*

EIN GLÜCKLICHES UND IN JEDER HINSICHT gelingendes Leben, das wünschen wir uns alle. Was aber ist eigentlich „Glück"? Die einen sehnen sich nach einer vollendeten und damit zugleich krisensicheren Partnerschaft, die anderen nach Gesundheit oder unermesslichem Reichtum, der keine Wünsche offen lässt. Wie oft aber verwechseln wir das Glück des „Habens", also der Anhäufung kontrollierbarer Dinge wie zum Beispiel materieller Gegenstände, mit dem Glück des „Seins", der im tiefsten Herzen spürbaren inneren Freiheit und Unabhängigkeit, die uns ermöglicht, uns an uns selbst und an der Fülle unserer Fähigkeiten und Begabungen zu erfreuen.
Wir können uns von Tag zu Tag darin einüben, die schöpferischen Kräfte in uns selbst aufzuspüren, um uns dadurch selbst ausdrücken und auf vielfältige Art und Weise zur Sprache kommen zu lassen. Wenn wir wieder mehr in unsere Tiefe hineinfühlen und wahrzunehmen lernen, welche Schätze in unserer eigenen Seele ruhen, dann werden wir eine leise Ahnung davon bekommen, dass der eigentliche Reichtum unseres Lebens weder in einer Fülle von materiellem Überfluss noch in grenzenlosem Erfolg liegt. Dann werden wir ein Gespür dafür entwickeln, dass der Schatz unseres Lebens tief in uns selbst verborgen ruht und nur darauf wartet, im Laufe der uns zur Verfügung stehenden Jahre gehoben zu werden. Die vorliegenden Märchen mögen dazu anregen und bewegen, die Spuren des Glücks in uns selbst behutsam und liebevoll zu entdecken und in all ihrer unermesslichen Vielfalt im alltäglichen Leben für uns selbst und in der Beziehung zu anderen Menschen zu verwirklichen.

Christa Spilling-Nöker

# DIE DREI *Schwestern*

# VOM GLÜCK, LIEBESFÄHIG ZU SEIN

ES WAREN EINMAL EIN MANN und eine Frau, die hatten drei Töchter. Bei der Geburt der Mädchen hatte eine gute Fee einer jeden von ihnen einen Wunsch mit in die Wiege gelegt, den sie an ihrem achtzehnten Geburtstag aussprechen durften. Die Erfüllung dieses Wunsches sollte jedes der Mädchen von ganzem Herzen glücklich machen.

DIE ÄLTESTE TOCHTER mit Namen Cosima war ein ausgesprochen hübsches Mädchen. Sie bildete sich allerdings auch ziemlich viel auf ihre Schönheit ein. Viele Jahre ihrer Jugend beschäftigte sie sich mit dem guten Wunsch der Fee, den sie frei hatte. Schönheit brauche ich mir nicht zu wünschen, dachte sie, als sie am Morgen ihres achtzehnten Geburtstages vor dem Spiegel stand. Aber ein Leben in unermesslichem Reichtum, der nie ein Ende nimmt, das würde mir gefallen. Sie sprach diesen Wunsch langsam und bedächtig vor sich hin, und ehe sie sich versah, befanden sich in ihrem Zimmer im Elternhaus die kostbarsten Möbel und Teppiche; ihr kleines Schmuckkästchen war voller Brillanten und Gold, und an ihrem Hals schimmerte eine Juwelenkette, wie die Welt zuvor sie noch nicht gesehen hatte. Zum Abendessen ließ sie die kostbarsten Speisen auftafeln, und am kommenden Tag schon brach sie zu einer weiten Reise auf. Sie bestieg eine mit Gold und Juwelen geschmückte Kutsche, ließ die edelsten Pferde anspannen und leistete sich die beste Dienerschaft. So lässt es sich leben, dachte sie, als sie unter den neidvollen Blicken ihrer Schwester Elvira in die weite Welt hinaus aufbrach. Unterwegs kaufte sie sich die prachtvollsten Kleider und wurde ob ihrer Schönheit und ihres Reichtums an den vornehmsten Höfen des Landes eingeladen; sie dinierte mit Kaisern, Königen und Prinzen, von denen ihr auch bisweilen der ein oder andere den Hof machte. Schließlich verlobte sie sich mit einem der jungen Herren, der ihr zumindest vom Aussehen her ebenbürtig schien, löste die Verbindung allerdings bald wieder, als sie merkte, dass der junge Mann es in erster Linie auf ihr Geld abgesehen hatte. So erging es ihr in den unterschiedlichsten menschlichen Begegnungen und Beziehungen immer wieder, so dass sie mit keinem Menschen eine wirklich echte Freundschaft verband. Meinte es wirklich einmal ein Mensch von Herzen gut mit ihr, so hielt sie ihn in ihrem Stolz für nicht ebenbürtig und wandte sich von ihm ab. Sie war nicht fähig, sich wirklich auf echte menschliche Beziehungen einzulassen und blieb deshalb letztendlich einsam. Auch ihre teuren Kleider, die weiten Reisen und der edle Schmuck konnten sie nicht wirklich glücklich machen.

DERWEIL WAR AUCH IHRE SCHWESTER Elvira achtzehn Jahre alt geworden. Sie war von sympathischer Lebendigkeit; was ihr Aussehen allerdings betraf, war sie in vielerlei Hinsicht außerordentlich benachteiligt. Da sie all die Jahre unter der Schönheit, der Eitelkeit und dem Stolz Cosimas gelitten und sich stets in ihrem Schatten gefühlt hatte, schloss sie für einen Augenblick ihre Augen und wünschte sich von ganzem Herzen, noch schöner zu sein als es ihre Schwester je gewesen war.

KAUM ÖFFNETE SIE ihre Augen wieder, da erblickte sie im Spiegelbild die wundervollste Frau, die sie sich hatte vorstellen können, mit langem blonden Haar, das wie Seide ihren Kopf umrahmte, und von einer vollendeten Gestalt. Jetzt würden auch ihr die schönsten und wohlhabendsten Männer des Landes den Hof machen, träumte und hoffte sie und brach ebenfalls am kommenden Tag zu einer Reise in die weite Welt hinaus auf.

ES ERGING IHR ÄHNLICH wie ihrer älteren Schwester. War es den jungen Herren bei Cosima um ihr Geld gegangen, so warben sie jetzt bei Elvira darum, die schönste Frau auf der Welt ihr Eigentum nennen zu dürfen. Um ihr Herz ging es ihnen dabei nicht. Sie gab sich alle Mühe, vornehm und edel aufzutreten und verlor über all diesem künstlichen Gehabe ihre ursprüngliche Spontaneität und Lebendigkeit, die sie einst bei ihren Freundinnen in der Kindheit beliebt gemacht hatte.

DIE JAHRE VERGINGEN und damit zugleich auch die Schönheit der beiden mittlerweile alternden Schwestern. Cosima hatte sich bisweilen mit Hilfe ihres nie endenden Reichtums einen Kavalier gehalten, der vorübergehend ihr einsames Leben mit etwas lustvoller Abwechslung bereicherte, hatte aber auch in diesen gekauften gemeinsamen Stunden kein Liebesglück erfahren können.

INZWISCHEN HATTE AUCH BEATA, die jüngste der drei Mädchen, ein Nachkömmling, das achtzehnte Lebensjahr vollendet. Möge mein Herz stets voller Liebe sein, war ihr größter Wunsch gewesen. Am Tag nach ihrem achtzehnten Geburtstag tat sie es ihren beiden Schwestern gleich und verließ das Elternhaus. Sie war weder von besonderer Schönheit noch eingebildet noch reich, so dass sie auch gar nicht erst versuchte, einen besonders gut aussehenden oder reichen Gatten zu erobern. Sie reiste mit einer einfachen Kutsche durch Städte und Dörfer und freute sich, auf diese Weise die Schönheit ihrer Heimat kennen zu lernen. In einem kleinen Städtchen besuchte sie einen Markt und vergnügte sich an dem bunten Treiben dort, bis sie eine Marktfrau klagen hörte: „Mein Kind ist krank, mein Kind ist krank!“ Sie blieb stehen und fragte genauer nach, worin die Not der Marktfrau lag. Ohne lange zu überlegen, schickte sie die Frau mit dem Kind zu einem Arzt und stellte sich für einige Stunden selbst hinter den Verkaufsstand. Aufgrund ihres freundlichen Wesens gelang es ihr, den größten Teil der Waren zu verkaufen, bis die Marktfrau mit dem Kind auf dem Arm zurückkehrte, das inzwischen den Schlaf der Genesung schlief. Der Frau rannen die Tränen der Freude über das Gesicht.

„WO WOHNST DU?", fragte sie Beata. „Ich reise umher und schaue unterwegs, wo ich ein Nachtquartier finde", erwiderte die junge Frau wahrheitsgemäß. „Dann komm' doch mit zu uns, wir haben noch Platz für ein Nachtlager, und zum Essen ist auch genug da." Dankbar nahm Beata dieses Angebot an, zumal sie zu diesem Zeitpunkt wirklich kaum noch über Bares verfügte und sich ernstlich darüber Sorgen gemacht hatte, ob sie die kommenden Wochen irgendwo im Freien würde übernachten müssen. Sie half im Haus der Marktfrau aus, versorgte die Kinder und wurde immer wieder aufgefordert, doch noch länger zu bleiben. An den Abenden ergaben sich oft lange und bereichernde Gespräche im Kreise der Familie, so dass sich im Laufe der Zeit zwischen den beiden Frauen eine innige Freundschaft entwickelte.

EINES TAGES ABER DRÄNGTE ES BEATA DOCH, ihre Reise wieder aufzunehmen. Sie war schon eine Weile unterwegs, als sie von einem Bettler angehalten wurde. „Ich bitte euch, gnädiges Fräulein, zeigt Erbarmen mit einem alten, kranken Mann und gebt mir ein wenig Geld“, bat er. „Viel habe ich selbst nicht, aber davon will ich dir gerne geben“, erwiderte die junge Frau. Da es ohnehin Mittagszeit war, breitete sie eine Decke auf der Wiese aus und lud den Fremden ein, Brot und Wein mit ihr zu teilen. Dann gab sie ihm noch die Hälfte ihres bescheidenen Budgets und zog weiter. „Seid gesegnet“, rief ihr der Bettler hinterher.

DIESER WUNSCH ERFÜLLTE SICH. Wohin sie auch kam, begegnete sie den Menschen voller Herzlichkeit. Durch alles, was sie für andere tat, kehrte eine tiefe innere Freude in ihr eigenes Herz zurück. Und so ist es auch nicht verwunderlich, dass sie im Sommer auf einem fröhlichen Dorffest von einem freundlichen jungen Mann umworben wurde, der ihr Herz im Sturm eroberte und mit dem sie schon bald vor den Traualtar trat. Das ganze Dorf, in dem sie sich durch ihre Hilfsbereitschaft und Freundlichkeit schnell beliebt gemacht hatte, feierte mit, als sich die beiden das „Jawort“ gaben, und freute sich erst recht, als den beiden übers Jahr ein gesunder Sohn geboren wurde. Durch ihrer Hände Arbeit und steten

Fleiß hatten sie es in wenigen Jahren auch zu einem bescheidenen Wohlstand gebracht, so dass sie sich ein kleines Häuschen bauen konnten, das von einem wundervollen Garten umgeben war und das ihnen miteinander so auch im Äußeren Geborgenheit schenkte.

DOCH NACH EINIGEN JAHREN empfand Beata große Lust, wieder einmal in die Umgebung hinauszufahren. Ihr Mann und die Bewohnerinnen und Bewohner des Dorfes versprachen, während der Zeit ihrer Abwesenheit für ihren Sohn zu sorgen. Sie ließ die Kutsche anspannen und genoss alsbald den harzigen Geruch des Waldes und den süßen Duft der weiten Sommerwiesen. Ihren Durst stillte sie mit frischem Quellwasser, und die reifen, saftigen Waldbeeren mundeten ihr köstlich. Sie spürte Sonne und Wind auf ihrer Haut und konnte sich am Abend an dem klaren Sternenhimmel nicht satt sehen. Als ihre bescheidenen Mittel zu Ende gingen und sie gerade darüber nachsann, die Rückreise anzutreten, um auch Mann und Kind nicht allzu lange alleine zu lassen, kam sie an ein prächtiges Schloss. Wer mag hier wohl wohnen, dachte sie. Vielleicht ist man bereit, mir einen Teller Suppe oder ein Stück Brot zum Abendessen zu geben. Sie klopfte mehrfach, bis ihr eine verbitterte Frau öffnete. „Habt ihr wohl ein wenig zu essen für mich?", bat sie bescheiden. „Für Bettelpack gibt es hier nichts“, antwortete die Frau vergrämt. Beata erschrak. Irgend etwas in den Augen und in der Stimme der Frau erinnerte sie unvermittelt an ihre älteste Schwester. „Cosima?“, fragte sie unsicher und erschrocken zugleich. Man konnte sehen, wie der Frau der Schrecken durch alle Glieder fuhr, als sie ihren Namen hörte. Nachdem Beata ihr erklärt hatte, wer sie war, ließ Cosima sie eintreten und ihr von ihrer Dienerschaft ein reichhaltiges und köstliches Abendessen zubereiten. Traurig erzählte sie der jüngeren Schwester von ihrem Leben, das trotz allen Reichtums menschlich gesehen leer und unerfüllt geblieben war. Beata war darüber tief bestürzt.

„HAST DU ETWAS VON ELVIRA GEHÖRT?“, fragte Beata. Cosima schüttelte den Kopf. „Ich mache dir einen Vorschlag“, sagte Beata. „Wir machen uns auf, sie zu suchen, und dann lade ich euch ein, mit in meinem bescheidenen Häuschen zu wohnen. Allerdings ohne deinen Reichtum“, fügte sie noch hinzu, „denn der hat dich ja nun wirklich nicht glücklich gemacht.“

UND SO GESCHAH ES. Sie fanden Elvira in einem kleinen Dorf, wo sie sich als Schneiderin ihr Geld verdiente. Die einst makellosen Finger waren zerstochen, und durch die vielen Enttäuschungen, die sie im Laufe der Jahre erlitten hatte, erinnerte kaum noch etwas an die grenzenlose Schönheit, für die sie einst ihren Lebenswunsch geopfert hatte. So war sie im Grunde ihres Herzens froh, den beiden Schwestern wieder begegnet zu sein.

BEATAS MANN WAR NICHT WENIG ÜBERRASCHT, als daheim neben seiner lieben Frau auch noch Beatas Schwestern aus dem Wagen stiegen. Aber da er ein ebenso weites Herz hatte wie seine Gemahlin, erklärte er sich sogleich damit einverstanden, den beiden Schwägerinnen die zwei kleinen Dachzimmer, die noch unbewohnt waren, zur Verfügung zu stellen. Nur der Herzlichkeit und Liebe, mit der ihre jüngere Schwester sie jahrelang bis hin zu ihrem Lebensabend umsorgte, verdankten Cosima und Elvira es, dass es ihnen, als ihre Stunde nahte, wenigstens vergönnt war, in Frieden zu sterben.

BEATA ABER LEBTE ZUSAMMEN mit ihrer Familie noch viele, viele Jahre in dem kleinen Dorf, und es wurde ihr sogar geschenkt, sich noch an vier Enkeln und achtzehn Urenkelkindern zu erfreuen, durch die und durch deren weitere Nachkommen ihre Liebe und Güte bis heute hin in der Welt weiterwirken.

*Ich muss nicht unbedingt*
*in einen goldenen Spiegel schauen,*
*um meinen Selbstwert daran zu bemessen,*
*ob ich die Reichste*
*oder gar die Schönste bin*
*in diesem Land.*
*Der Glanz des Herzens,*
*ja, die Liebe zu all dem, was lebt,*
*das Mitgefühl mit jedem, der*
*ein Leiden zu ertragen hat*
*in dieser Welt,*
*das sind die eigentlichen Gaben,*
*die meinen Alltag reich*
*und auch in jeder Hinsicht glücklich*
*und zufrieden machen.*

# ALS DEM *Fernseher* DAS LACHEN VERGING

# VOM GLÜCK UNMITTELBAREN LEBENS

ES GESCHAH IM LETZTEN SOMMER, als Herr und Frau Jedermann eines Abends vergaßen, den Fernseher im Wohnzimmer auszuschalten. Beide waren schon während des Spätfilms eingeschlafen und, als sie erwachten, ganz schnell ins Schlafzimmer gelaufen und unter die Bettdecke geschlüpft. Es dauerte eine kleine Weile, bis der Fernseher merkte, dass ihn niemand mehr beachtete. Plötzlich lachte er laut auf. Die Stereoanlage reagierte verärgert. „Was machst du denn für einen Krach mitten in der Nacht, ich habe schon tief und fest geschlafen.“ „Kein Wunder“, höhnte der Fernsehapparat, „seitdem die Menschen mich haben, der ihnen zu Tönen und Geräuschen gleichzeitig bunte Bilder ins Haus zaubert, stehst du ja auch weitgehend ungenutzt herum.“ „Bei mir können die Menschen aber wählen, welche Musik sie hören wollen“, erwiderte der CD-Player verärgert. „Und ich liefere ihnen stets den neuesten Verkehrsfunk“, schaltete sich jetzt auch das Radio ein. Der Streit zwischen ihnen wurde lauter, bis sich auch das Telefon meldete. „Mit mir können die Menschen Verbindungen in alle Welt aufnehmen“, klingelte es dezent vor sich hin. „Du mit deinem antiquierten Kabel“, spottete nunmehr das Handy, „mich können sie in die ganze Welt mitnehmen und von überall aus jemanden anrufen.“ Beschämt schwieg das Telefon. „Habt ihr schon mal was von Internet gehört und von E-Mail?“, grinste der

Computer breit, „die Zukunft gehört mir." „Warum streitet ihr euch, wer von euch die besten Serviceleistungen bringt", ließ sich die Funkuhr an der Wand, ein wenig von oben herab, vernehmen. Im Grunde sind die Menschen doch ohne einen jeden von uns völlig hilflos. Ich mache euch einen Vorschlag. Wir treten einfach alle zusammen in den Streik. Dann wollen wir mal sehen, wie Familie Jedermann ohne uns durch den Tag kommt." Nach anfänglichem Zögern stimmten die anderen zu. „Dann müssen aber auch alle anderen elektrischen und elektronischen Geräte mitmachen", schaltete sich der Fernseher erneut ein. Handy und Telefon übernahmen in nunmehr stiller Eintracht die Aufgabe, auch den Radiowecker im Schlafzimmer, die Waschmaschine, den Wäschetrockner, den Fön, die Zahnbürsten und den Rasierer im Bad und sämtliche Küchengeräte zu informieren. „Das wird was geben", freuten sich alle nunmehr in versöhnlicher Stimmung und warteten gespannt auf den kommenden Tag.

DIESER TAG BEGANN, wie man sich denken kann, natürlich mit dem allergrößten Chaos. Herr Jedermann blickte, als er vom Straßenlärm unsanft aus dem Schlaf gerissen wurde, voller Entsetzen auf die Anzeige seines Radioweckers, der allerdings keine Uhrzeit zu entnehmen war. „Mist, der Wecker ist kaputt", entfuhr es ihm. Ein Blick auf die

Armbanduhr entlockte ihm einen entsetzten Aufschrei: „Neun Uhr schon, Himmel, noch einmal, ich habe tatsächlich verschlafen!“ Unsanft weckte er seine Frau, sprang aus dem Bett und eilte ins Badezimmer. Seine Stimmung hob sich nicht gerade, als er bemerkte, dass weder seine elektrische Zahnbürste noch sein Rasierer funktionierten. „Schnell, einen Kaffee, ich habe gleich einen wichtigen Termin in der Firma“, rief er seiner Frau zu, die vergeblich versuchte, die Kaffeemaschine in Betrieb zu setzen. „Ich muss mir noch rasch ein Hemd bügeln“, rief Herr Jedermann in die Küche, aber auch das Bügeleisen hielt sich brav an den verabredeten Streik. Frau Jedermann hatte inzwischen einen Kessel auf den Herd gestellt, um Teewasser zu erhitzen, aber auch der Herd verhielt sich ruhig. „Hat sich denn heute alles gegen uns verschworen?“, fragte sie wütend. Sie wollte schnell den Elektriker anrufen, hatte aber da nicht die Rechnung mit den ebenfalls streikenden Telefonen gemacht. Schließlich fiel ihr ein, dass die beiden älteren Kinder noch schliefen, die inzwischen längst hätten in der Schule sein müssen. Sie strich ihnen schnell jeweils ein Brötchen; die Butter allerdings war in dem erwärmten Kühlschrank gelbweich geworden und stieß bei ihren Sprösslingen auf harte Kritik.

UND SO CHAOTISCH, wie dieser Tag angefangen hatte, ging er natürlich weiter. Mittags gab es kein warmes Essen, und am Nachmittag klagte der Sohn des Hauses, dass sein Computer mittlerweile auch seinen Geist aufgegeben habe. Die Tochter, deren höchstes Vergnügen es war, sich nach der Schule erst einmal eine Talkshow anzuschauen, wurde ebenfalls frustriert. Der inzwischen über das Telefon der Nachbarn alarmierte Elektriker konnte allerdings keinen Schaden feststellen und verließ Familie Jedermann, ohne irgendetwas repariert zu haben. Dennoch ließ er eine nicht gerade als bescheiden zu bezeichnende Rechnung zurück.

NUR CHRISTINCHEN, der jüngste Spross des Hauses, hatte sich der äußerst ungemütlichen Atmosphäre in ihrer Familie still entzogen. Sie war in den Garten geschlichen und nutzte die Gunst der Stunde: Mit ihrem kleinen Eimerchen, das eigentlich zum Spielen im Sandkasten gedacht war, kroch sie hinter die Himbeerhecke und zwischen die Erdbeersträucher, ein Vergnügen, das ihr sonst untersagt war, weil die Mutter all die herrlichen frischen sommerlichen Früchte einfrieren wollte, damit sie auch in der Weihnachtszeit über Erdbeeren und Himbeeren verfügen konnte. Christinchen winkte ihren kleinen, ebenfalls drei Jahre alten Freund Tom herüber, der behende durch das kleine Loch in der

Gartenhecke kroch, die das Grundstück von Familie Jedermann von dem der Nachbarn trennte. Und da saßen die beiden Kleinen auf dem Rand der Sandkiste in der Sonne und genossen die köstlichen Beeren. Auch Christinchens Plüscheisbär Blacky bekam von den Früchten zu kosten und dankte diese Freizügigkeit mit zahllosen roten Flecken auf dem bisher so makellos weißen Fell. Später spielten die Kinder miteinander Tauspringen und Verstecken; irgendwann versuchten sie, ein Taubenpärchen zu fangen, allerdings ohne Erfolg. Auch die jungen Möhren schmeckten übrigens, so frisch aus der Erde gezogen, himmlisch. Als die Vögel ihr Mittagskonzert gaben, sangen die beiden aus vollem Herzen mit.

VOR LAUTER VERZWEIFLUNG über die häusliche Misere vergaß Frau Jedermann, ihre Jüngste mittags hereinzuholen und zum Mittagsschlaf ins Bett zu legen. Erst am frühen Abend rief sie die Kleine ins Haus, in dem nach wie vor alles drunter und drüber ging. Keiner wusste so recht, was er ohne Radio, ohne Computer und ohne Fernseher mit seiner Freizeit anfangen sollte.

„WAS HAST DU DENN DEN GANZEN TAG ÜBER GEMACHT?", fragte die Mutter die Kleine. „Ich habe mit Tom gespielt", erzählte Christinchen. „Die Sonnenstrahlen haben uns im

Gesicht herumgetanzt, die Vögel haben gesungen und wir auch. Dann haben wir für unsere Puppen und Teddys Gänseblümchen gepflückt. Und ein paar Beeren genascht", beichtete sie jetzt doch ihren verbotenen Übergriff auf Himbeerhecke und Erdbeersträucher. „Das ist nicht zu übersehen", sagte die Mutter leise, als sie ihrer Tochter den Mund abwischte und versuchte, aus Blacky wieder einen weißen Eisbären zu machen. Aber sie schimpfte dieses Mal nicht. Christinchens kleine Person strahlte eine so tiefe Zufriedenheit aus, die eine ansteckende Wirkung auf die ganze Familie ausübte. Noch bevor die Mutter ihr Töchterchen ins Bett gebracht hatte, war die Kleine schon mit einem überglücklichen Gesichtsausdruck auf ihren Armen eingeschlafen.

„UND WAS MACHEN WIR jetzt mit dem angebrochenen Abend?", fragten die beiden älteren Kinder wie aus einem Mund mit lustloser Miene. „Ihr lauft jetzt schnell zu den Nachbarn hinüber und ladet sie zu einem Glas Wein ein. Und dann setzen wir uns miteinander in der Abendsonne in die Rosenlaube im Garten, lauschen dem Gesang der Vögel und spielen miteinander", erwiderten Frau und Herr Jedermann ebenfalls gemeinsam.

ES WURDE EIN GEMÜTLICHER ABEND. Schon lange hatten die Familien, die nebeneinander Haus an Haus wohnten, nicht mehr so viel miteinander geredet und gelacht. Dass Herr Jedermann schlecht rasiert war und ein ungebügeltes Hemd trug, fiel dabei überhaupt nicht auf. „Wir sollten uns öfter einmal wieder zusammensetzen", schlugen die Nachbarn vor, als sie sich gegen Mitternacht von Familie Jedermann verabschiedeten und für den so spontanen und wunderschönen Abend bedankten.

„DAS HAT UNS GERADE NOCH GEFEHLT", stöhnten nachts, als die ganze Familie außerordentlich zufrieden im Schlaf versunken war, die streikenden Geräte, „dass die jetzt auch ohne uns auskommen." Selbst dem Fernseher blieb das Lachen jetzt in der Bildröhre stecken.

*Heute*
*schalte ich den Fernseher*
*einmal aus.*
*Dem Radio gönne ich eine Pause,*
*und mein Handy lasse ich*
*– abgeschaltet –*
*ruhigen Gewissens*
*in meiner Handtasche*
*verschwinden.*
*Heute*
*lade ich mir einfach nur*
*einige nette Menschen ein*
*und feiere mit ihnen*
*in fröhlicher Ausgelassenheit*
*bis tief in die Nacht.*

# DER SÄNGERWETTSTREIT DER *Vögel*

# VOM GLÜCK INNERER FREIHEIT

EINES ABENDS VERSAMMELTEN sich die Singvögel in einem alten Kastanienbaum, um miteinander um die schönsten Stimmen und Lieder zu wetteifern. „Wozu singst du eigentlich?“, fragte die Amsel die Nachtigall. Die Angesprochene zierte sich fast ein wenig mit der Antwort auf eine so dumme Frage. „Es gibt doch wohl nichts darüber zu diskutieren, dass ich die schönste Stimme weit und breit habe“, antwortete sie. „Ich singe eben, weil ich dann von allen anderen Tieren und sogar von den Menschen bewundert werde.“ Und sie gab noch einmal eine Kostprobe von ihrem Können ab. Ihr wundervoller Gesang erklang weit über Feld und Flur, und selbst die Gräser neigten sich vor ihr im Abendwind.

„WARUM ABER SINGST DENN DU?“, gab die Nachtigall, nachdem sie ihren Gesang zu Ende gebracht hatte, die zuvor an sie gerichtete Frage an die Amsel zurück. „Um mein Revier zu verteidigen“, zwitscherte diese eifrig. „Damit mir keiner meiner Rivalen meine Macht nehmen kann.“ „Macht, höre ich richtig? Es geht dir um Macht, wenn du singst?“ Der Distelfink gab sich empört. „Mir geht es nur darum, Weibchen zu umwerben, wenn ich singe. Je schöner ich trillere, umso mehr Weibchen wollen mit mir schnäbeln und sich von mir erobern lassen.“ „Dass es euch Männchen immer nur um die Weibchen geht“, empörte sich die Lerche.

„Habt ihr denn sonst nichts im Kopf?“ „Aber der Liebesgesang ist doch der schönste, den es überhaupt gibt“, erwiderte der Distelfink im Brustton tiefster Überzeugung und begann sofort voller Inbrunst mit seinem schönsten Balzlied.

„WAS MACHST DU EIGENTLICH HIER“, fragte ganz unvermittelt die Meise den Spatz, „du kannst doch gar nicht richtig singen.“ „Du kannst doch nur schimpfen“, spottete jetzt auch die Singdrossel, die gerade angefangen hatte, ihr Bestes zu geben. Der Spatz war solche Beschimpfungen gewohnt und erwiderte daher gelassen: „Ach, wenn ich euch so höre, bin ich doch ganz glücklich dran.“ „Wie das?“, zwitscherten die anderen gleichermaßen überrascht und kunstvoll im Chor. „Ich weiß wohl, dass mein Gepiepse bei den Menschen nie besondere Bewunderung hervorrufen wird. Auch werde ich weder Macht bekommen noch die wundervollsten Weibchen durch meinen Gesang betören können.“ „Na also“, fielen die anderen dem Spatz in sein hilflos anmutendes Tschiepen. „Mir sind keine besonderen Begabungen mit in mein Nest gelegt worden so wie euch“, fuhr dieser ruhig fort. „Also verfolge ich mit meinen bescheidenen Fähigkeiten auch keine ehrgeizigen Ziele. Ich singe, so gut ich es eben vermag. Ich bin einfach nur glücklich, wenn ich auf einem grünen

Baum sitze und völlig zweckfrei das tun darf, was ich nun einmal kann, und ich genieße die unendliche Freiheit, die ich darin erfahre."

MIT EINEM MAL WAREN ALLE anderen Vögel ganz still und nachdenklich geworden. Und sie nahmen sich fest vor, den Kleinen nie wieder als dummen Spatz zu beschimpfen.

*Ich will nie wieder*
*etwas machen,*
*mich keinem Leistungsdruck*
*mehr unterwerfen,*
*nur um vor denen zu bestehen,*
*die völlig anders begabt sind*
*als ich.*
*Zu meiner eigenen Sprache*
*möchte ich finden*
*und darin spüren:*
*In der Treue zu mir selbst*
*bin ich frei.*

WIE IM *Märchen*

# VOM GLÜCK – ODER UNGLÜCK DES REICHTUMS

DER ABENDHIMMEL erstrahlte in feurigem Glanz, als Maximilian M. auf seinem kleinen Balkon saß, in seiner Zeitung blätterte und ein kühles Glas Bier genoss, wie an jedem Abend. Der Tag in der Firma war wieder äußerst anstrengend gewesen. Wenngleich ihn auch das Zusammensein mit seinen Kolleginnen und Kollegen in der Firma tagsüber mit Freude erfüllte, so kostete er doch seine stillen Abende daheim voll aus. Allmählich zog allerdings ein Sturm auf, der ein heftiges Gewitter ankündigte und Herrn M. dazu zwang, seinen geliebten Platz im Freien zu räumen und sich nach drinnen zu begeben. Gedankenlos schaltete er den Fernseher ein, auf dem ihm eine Millionenshow ins behaglich ausgestattete Wohnzimmer flimmerte. „Bei uns können Sie fünf Millionen Euro gewinnen, rufen Sie uns an über die Kandidatenhotline ...", hörte er den Quizmaster sagen. Fünf Millionen Euro, sinnierte Herr M. und nahm noch einen Schluck von seinem kühlen Bier. Das wär's! Einen Jaguar würde ich mir von dem Geld kaufen, eine Villa im Grünen mit einer Haushälterin, die putzt und wäscht. Und Reisen würde ich machen bis ans Ende der Welt. Außerdem könnte ich meinen Job aufgeben und jeden Morgen ausschlafen. Was wäre das für ein Leben.

ER HOLTE SICH NOCH EIN WEITERES BIER aus dem Kühlschrank und wählte dann, wie in Trance, die Telefonnummer, die gerade eingeblendet wurde. Wie durch ein Wunder kam er tatsächlich durch. Ihm wurden ein paar, seines Erachtens nach, recht einfache Fragen gestellt, und schon stand er auf der Liste zukünftiger Kandidaten. Als er an diesem Abend den Fernsehapparat ausschaltete und zu Bett ging, musste er schmunzeln. Was wohl die Kolleginnen und Kollegen denken, wenn sie mich eines Tages auf der Mattscheibe entdecken, dachte er und fiel in einen ruhigen und erholsamen Schlaf, wie an jedem Abend.

DOCH DER ANRUF VOM SENDER KAM SCHNELLER, als er erwartet hatte. Schon in vier Wochen sollte er in L. sein, um sich dem Quiz zu stellen. Er beantragte bei seinem Chef für zwei Tage Urlaub aus „persönlichen Gründen", die ihm auch unverzüglich und dankenswerterweise ohne weitere Nachfragen zugesichert wurden.

AM ABEND VOR SEINER ABREISE nach L. machte sich doch eine gewisse Unruhe in ihm breit. Was nun, wenn er schmählich versagen und sich vor einem Millionenpublikum blamieren würde? Zahlreiche seiner Kolleginnen und Kollegen saßen abends vor dem Fernseher, um die Millionenshow zu verfolgen. Wie würden die am kommenden Montag reagieren, wenn er sich total lächerlich gemacht haben würde? Irgendwann aber sank er doch, allen Skrupeln zum Trotz, in den Schlaf.

AM KOMMENDEN MORGEN richtete er seine Sachen und fuhr los. Als er im Studio ankam, fielen alle Ängste und Unsicherheiten von ihm ab. Und schon war es so weit. Zusammen mit neun anderen Kandidatinnen und Kandidaten erschien er auf der Bühne des Studios, von den Scheinwerfern ein wenig geblendet, aber plötzlich auch mit tiefem Stolz erfüllt, dabei sein zu dürfen.

UND IN DER TAT: Was er sich in seinen kühnsten Träumen nicht hatte vorstellen können, geschah. Maximilian M., ein kleiner und bisher unbedeutender Buchhalter, der jeden Morgen pünktlich um sechs Uhr aufgestanden und den Tag über für ein bescheidenes Gehalt im Büro verbracht hatte, war mit einem Schlag ein umjubelter Multimillionär. Die Presse erschien, um ihn für den kommenden Tag für die Titelseiten ihrer Zeitungen abzulichten, die unterschiedlichsten Fernsehsender baten ihn um Interviews. Urplötzlich stand er im Mittelpunkt des öffentlichen Interesses. Es war wie im Märchen.

AM KOMMENDEN TAG FUHR ER, noch benommen von den vergangenen Ereignissen, wieder nach Hause und sehnte sich im Stillen nach seinem Balkon, der Ruhe dort und seinem Gläschen Bier in der Abendsonne. Aber da hatte er nicht die Rechnung mit den Reportern gemacht, die schon vor seinem Haus lauerten, als er eintraf. Es dauerte fast zwei Stunden, bis er endlich den Schlüssel in das Schloss seiner Wohnung stecken konnte. Er ging gerade in die Küche, um sich etwas zu essen und zu trinken zu holen, als das Telefon läutete. „Herzlichen Glückwunsch, altes Haus, das war ja super gestern“, vernahm er eine Stimme, die ihm unbekannt vorkam. „Hier ist dein alter Freund Richard“, erklärte die Stimme ihre Identität. „Kennst du mich denn nicht mehr?“ Maximilian M. kramte mühsam in seinem Gedächtnis. Erst, nachdem Richard eine Weile weiter geplaudert und von gemeinsamen Zeiten auf der Schulbank erzählt hatte, begann er, sich an einen alten Schulfreund zu erinnern, der ihn selbst stets für äußerst spießig gehalten und von dem er dementsprechend in den vergangenen zwanzig Jahren nichts mehr gehört hatte. Und so ging es weiter. Er hatte in den letzten Jahren seines weitgehend zurückgezogenen Lebens gar nicht gewusst, wie viele Freundinnen und Freunde er offensichtlich hatte. Nicht alle waren so zurückhaltend wie Richard. Viele fielen ziemlich schnell mit der Tür ins

Haus. Dass es doch für ihn jetzt kein Problem sei, ihnen finanziell etwas unter die Arme zu greifen. Der eine klagte über eine teure Scheidung, die ihn existenziell an den Ruin gebracht hatte, die andere konnte die Schulden für ihr Haus nicht tilgen. Maximilian M. vertröstete all die Bittsteller. Noch habe er ja das Geld nicht. Er werde sich melden. Seitenweise notierte er Telefonnummern und die Anliegen derer, die ihn angerufen hatten und deren bester Freund er nun zu sein schien.

DIE MITARBEITERINNEN UND MITARBEITER seiner Abteilung lud er zu einem opulenten Abendessen in ein nobles Restaurant ein und hoffte, allmählich wieder in die Normalität seines gewohnten Lebens zurückkehren zu dürfen. Er wollte sich in Ruhe überlegen, wie er den unerwarteten Geldregen zu seinem eigenen Glück und Wohl würde verwenden können. Aber zu dieser ersehnten Ruhe kam er nicht. Sobald er nach der Arbeit, der er zunächst, wie gewohnt, weiter nachging, zu Hause ankam, gaben sich die Anlageberater der unterschiedlichsten Firmen und Banken die Klinke in die Hand. Schließlich entschloss er sich, seine Arbeitsstelle zu kündigen und in eine andere Stadt zu ziehen. Er kaufte sich dort eine schicke Villa und seinen erträumten Jaguar und hoffte nun, auf diese Weise endlich seinen Seelenfrieden wiederzufinden. Mit Wonne dachte er an den Augenblick zurück, als er seinem Chef, der ihn so oft gedemütigt hatte, einfach die Kündigung auf dessen kostbaren Mahagonitisch hatte knallen können.

ER GENOSS DIE ERSTEN WOCHEN in seinem neuen Haus in vollen Zügen. Tagsüber fuhr er mit seinem roten Sportwagen durch die Gegend; am Abend erfreute er sich an dem Essen, das die Haushälterin ihm zubereitet hatte, oder besuchte teure Restaurants in der Umgebung. Die Nächte verbrachte er bisweilen in vornehmen Bars und freute sich, wenn er am nächsten Morgen bis in den späten Vormittag ausschlafen konnte.

DOCH DER GLANZ DES NEUEN LEBENS verblasste schnell. Wenn er morgens erwachte, fragte er sich, was er denn nun mit der gewonnenen Freizeit anfangen könne. Er vergnügte sich kurzzeitig mit dem Golfspiel, konnte dem aber auch keinen dauerhaft sinnerfüllenden Geschmack abgewinnen. Gern hätte er sich einmal mit irgendwelchen Bekannten getroffen, aber die hatten allenfalls einmal am Abend Zeit, weil sie tagsüber arbeiten mussten. Er unternahm zahlreiche Reisen in alle Kontinente dieser Welt, aber auch damit ließ sich gerade einmal ein Jahr gestalten. Immer wieder ergaben sich Zeiten voller Langeweile und Leere. Sein Haus füllte sich mittlerweile mit allerhand Gegenständen, von denen er vor einigen Jahren nicht den Eindruck gehabt hatte, dass man sie für sein Leben unbedingt brauchen würde. Jahrzehntelang habe ich von einem Leben ohne Arbeit und von grenzenlosem Reichtum geträumt, sinnierte er vor sich hin, und jetzt habe ich all das, was ich wollte und bin trotzdem nicht glücklich und zufrieden.

SCHLIESSLICH FASSTE ER DEN ENTSCHLUSS, eine beträchtliche Summe seines Gewinns einem humanitären Hilfswerk zur Verfügung zu stellen. Aber anstatt dadurch zur Ruhe zu kommen und innerlich zufrieden zu werden, standen erneut die Reporter vor der Tür und versuchten, über diese großzügige menschliche Geste ein Interview mit ihm zu bekommen, eine Reportage zu drehen oder wenigstens einen Artikel über ihn schreiben zu können. So ging der ganze Rummel wieder von vorne los.

EINES NACHTS ABER, als er in tiefem Schlaf versunken war, träumte er von einem kleinen Buchhalter, der an jedem Tag seiner Arbeit nachging, der sich hin und wieder über seinen Chef ärgerte, der mit seinen Kolleginnen und Kollegen in der Mittagspause scherzte und lachte und der am Abend in der Stille auf seinem kleinen Balkon in aller Bescheidenheit ein Glas kühlen Bieres genoss. Und während er träumte, lächelte er glücklich im Schlaf.

*Manchmal träume ich*
*von einem Lottogewinn*
*und von materiellem Vermögen*
*ohne Ende.*
*Dabei weiß ich*
*im Grunde meines Herzens*
*ganz genau,*
*dass der eigentliche Reichtum*
*meines Lebens*
*in der Tiefe meiner Seele ruht*
*und in meinem*
*ganz normalen Alltag von mir*
*Tag um Tag aufgespürt*
*und gehoben werden will.*

DAS GLÜCK DER *Rose*

# VOM GLÜCK, MIT SICH SELBST ZUFRIEDEN ZU SEIN

ES WAR ENDE MAI und im Garten erblühte die erste rote Rose. Sie freute sich über die warme Sonne, über Bienen, Wespen und Hummeln, die sie zart kitzelten, wenn sie in ihrer Blüte versanken. Dennoch war sie im Grunde ihres Rosenherzens mit ihrem Leben nicht so recht zufrieden. Am Abend lauschte sie dem wundervollen Gesang der Amseln und sagte halblaut vor sich hin: „Ach, wäre ich doch eine Amsel, dann könnte ich auch so schön singen und mich vom Boden abheben und fliegen, wohin ich möchte. Das würde mich wahrlich glücklich machen. Stattdessen stehe ich hier fest verwurzelt im Garten und habe stets den gleichen Ausblick auf Maiglöckchen und Rhododendronsträucher."

DIE AMSEL, DIE DIESEN SEUFZER GEHÖRT HATTE, dachte nur: „Was andere Leute für Vorstellungen von einem Vogelleben haben. Mühsam muss ich jeden Tag dafür sorgen, dass ich genügend Würmer auftreibe, um die Schnäbel meiner Jungen zu stopfen. Von morgens früh bis in die Abendstunden muss ich arbeiten. Aber die anderen sehen natürlich nur die kleinen Pausen, die ich mir gönne, um auf einem Baumwipfel zu sitzen und zu singen. Wenn ich doch nur ein Karpfen sein könnte, ja, das wäre ein Leben. Nur im erholsamen Wasser umherschwimmen, das Maul aufsperren und die kleineren Fischlein hinein schwappen lassen, ohne sich groß anstrengen zu müssen."

ALS DER KARPFEN WIEDERUM DIESE WORTE VERNAHM, stöhnte er laut auf. „Immer im Wasser und zwischen den Algen umherschwimmen, das stellt sich die Amsel unter einem glücklichen Leben vor? Wenn sich die Bäume im Teich spiegeln, dann verlangt es mich sehr, einmal aus dem nassen Wasser herauszukommen und über den warmen Waldboden zu huschen. Ach, müssen es doch die Mäuse gut haben."

„IST DENN DAS ZU GLAUBEN", dachte die Maus, „dass es tatsächlich jemanden gibt, der mit mir tauschen möchte? Mein ganzes Leben über bin ich in Gefahr. Stets muss ich aufpassen, dass ich nicht einer Katze in die Pfoten gerate. Nein, wenn ich tauschen dürfte, dann wäre ich gern ein Elefant. Da wäre ich groß und stark und mächtig, und andere Tiere müssten sich vor mir fürchten. Mit meinen dicken Elefantenfüßen könnte ich alle Katzen zermalmen, die mir in die Quere kommen, so dass ich mich nie mehr vor ihnen fürchten müsste, und mit meinem Rüssel könnte ich mir die frischesten Triebe oben aus den Bäumen holen, anstatt auf dem Erdboden mühsam nach Samen und Nüssen suchen zu müssen."

„DIE MAUS HAT DOCH ECHT KEINE AHNUNG", dachte der Elefant, „was es für eine große Mühe bedeutet, ständig diesen massigen Körper mit sich herumzuschleppen. Wie gut müssen es die Schmetterlinge haben", dachte er versonnen. „So leicht und frei umherschwirren zu dürfen und von Blume zu Blume flattern zu können."

ALS DER SCHMETTERLING DIESE WORTE VERNAHM, reagierte er empört. „Was muss ich für einen weiten Entwicklungsweg hinter mir lassen. Erst muss ich als hässliche Raupe umherkriechen, in ständiger Angst, von den Vögeln gefressen zu werden. Und wenn ich mich endlich verpuppt und in einen Schmetterling verwandelt habe, bleibt mir nichts anderes übrig, als mühsam von einer Blüte zur nächsten zu schweben, um mich mit dem Blütenstaub ernähren zu können. Wieviel schöner muss das Leben sein, wenn man einfach nur dastehen könnte wie die rote Rose hier im Garten. Sie trägt all diese herrliche Nahrung, um die ich jeden Tag kämpfen muss, in sich. Sie leuchtet und verströmt einen betörenden Duft. Sie wird gedüngt und gewässert und braucht sich um nichts zu kümmern oder Sorgen zu machen. Sie darf einfach nur sein.

ALS DIE ROSE DIESE WORTE VERNAHM, fühlte sie sich das erste Mal in ihrem Leben im Einklang mit sich selbst. Ein tiefes Glücksgefühl ließ sie zart erzittern, und ihre Blüte leuchtete an diesem Tag in ihrem hellen Rot noch kräftiger, und sie duftete noch intensiver als jemals zuvor.

*Jahrelang habe ich voller Neid*
*auf die Möglichkeiten gesehen,*
*die anderen Menschen*
*zur Verfügung stehen,*
*und habe darüber versäumt,*
*meine eigenen Begabungen*
*kennen zu lernen*
*und mich an ihnen zu erfreuen.*
*Seitdem ich das an mir*
*zu schätzen vermag,*
*was ich selbst kann und bin,*
*blühe ich auf.*

# DIE NÄCHTLICHE BEGEGNUNG MIT DEM *Zauberer*

# VOM GLÜCK, DEN AUGENBLICK VOLL AUSZUKOSTEN

„NANU, DU BIST JA HEUTE UNHEIMLICH GUT DRAUF. So kennt man dich ja gar nicht!", lachte Miriam, als sich die beiden Freundinnen im italienischen Eiscafé trafen. „Es geht mir auch fantastisch", erwiderte Helena. „Bist du frisch verliebt?", wollte Miriam wissen. „Nein, aber du wirst es mir kaum glauben: Ich hatte vor einiger Zeit einen ganz verrückten Traum, und seither bin ich der glücklichste Mensch der Welt", erwiderte Helena strahlend. „Das finde ich ja spannend. Was hast du denn geträumt?", fragte die Freundin. „Willst du das wirklich wissen?", fragte Helena und nahm noch einen Schluck von dem köstlichen Cappuccino, den der Kellner gerade serviert hatte. „Na klar, du weißt doch, dass ich mich immer schon für Träume interessiert habe", erwiderte Miriam ernst. Helena sah sich vorsichtig um, weil sie nicht wollte, dass fremde Leute im Café zuhörten. Dann begann sie leise: „Ich träumte, dass ich von zu Hause fortlief und in einen großen, dunklen Wald kam, in dem ich mich verirrte. Mein Herz schlug mir bis zum Halse, weil ich fürchterliche Angst hatte. Plötzlich hörte ich Schritte hinter mir. Ich versuchte wegzulaufen, aber meine Beine waren wie gelähmt. Ich rannte und rannte, aber ich kam nicht von der Stelle. Mit einem Mal hielt mich eine Hand von hinten fest, und eine männliche Stimme fragte: ‚Warum läufst du denn so schnell?' Ich geriet in Panik und wollte mich von dem fremden Mann losreißen, aber der sagte ganz ruhig: ‚Mir scheint, du läufst vor dir selbst davon.' Ich erstarrte und sah mich um. Hinter mir stand ein gütig aussehendes Männlein in einem bunten Rock. ‚Wer bist du?', fragte ich mit ängstlicher Miene. ‚Ich bin ein Zauberer', erwiderte der Kleine lächelnd. ‚Ach ja?', erwiderte ich, ‚und was zauberst du so?' ‚Ich spüre, dass du unglücklich bist', erwiderte der Mann, ‚und ich könnte dich mit einem Schlage glücklich machen.' ‚Unglücklich, wieso sollte ich unglücklich sein?', fragte ich verwirrt. ‚Weil du stets durch dein Leben hetzt und das Gefühl hast, dass dir die Zeit davon läuft. Und weil du Angst hast, älter und älter zu werden, ohne das wahre Leben geschmeckt zu haben', antwortete er leise und setzte sich unter eine Tanne. ‚Komm, nun setz dich schon zu mir', forderte er mich auf, ‚ich tue dir nichts.' Allmählich wurde ich ruhiger und ließ mich auf dem von der Sonne durchwärmten Moos nieder. ‚Wenn du morgens aufstehst', begann er, ‚denkst du schon an das Zeremoniell im Bad. Während du duschst, bist du in Gedanken bereits beim Frühstück. Statt es aber zu genießen, bist du innerlich auf dem Weg zur Arbeit. Auf dem Weg dorthin denkst du schon an all die Probleme, die heute vor dir liegen könnten. Kaum hast du deine Arbeit begonnen, blickst du schon auf die Uhr, wann denn endlich Feierabend ist. Auf dem

Heimweg überlegst du dir, was du am Abend machen willst. Während der Tagesschau freust du dich schon auf den Spielfilm. Während des Spielfilms fällt dir ein, dass du bald schlafen gehen musst. Nebenbei zählst du die Tage bis zum Wochenende. Und am Wochenende rechnest du dir aus, wie viele Monate du noch bis zu deinem nächsten Urlaub durchstehen musst.' ,Aber das ist doch ganz normal', erwiderte ich. ,Das meinst du nur', lächelte er. ,Wie soll das anders gehen?', fragte ich überrascht. ,Berühre meinen Zauberstab', erwiderte er, ,und du wirst sehen, dass dir Zeit genug geschenkt ist, um glücklich zu werden.' Ich tat, wie er geheißen, und fasste diesen merkwürdigen Weidenstecken an, den er die ganze Zeit über in der Hand getragen hatte. Und dann war er plötzlich wie vom Erdboden verschwunden, und ich fühlte mich unendlich einsam auf dem warmen Waldboden sitzend." „Und dann?", fragte Miriam mit gespanntem Blick. „Dann bin ich schweißgebadet aufgewacht", erwiderte Helena. „Und das war alles?" Miriam war enttäuscht.

„NEIN", ERWIDERTE HELENA, „das war eben nicht alles. Als ich am kommenden Morgen aufstand, genoss ich die herrliche Dusche ohne Ende. Noch nie zuvor hatten mir der Kaffee und mein Marmeladenbrötchen zum Frühstück so gut geschmeckt. Ich vergaß fast die Zeit, um mich auf die Socken zur Straßenbahnhaltestelle zu machen. Aber wenn ich bisher auf diesem Weg nur lustlos und missmutig vor mich hingestarrt hatte, so nahm ich mit einem Mal wahr, dass ich an wundervollen Vorgärten vorbeiging, in denen Narzissen und Tulpen den Frühling ankündigten. Ich hörte die ersten Vogelstimmen und genoss diese Augenblicke so sehr, dass ich meine Bahn fast nicht mehr erreicht hätte. Während ich im Abteil früher die Augen geschlossen und in gedrückter Stimmung an die Arbeit gedacht hatte, war ich mit einem Mal völlig wach und amüsierte mich über vieles von dem, was sich die anderen Leute in der Straßenbahn so erzählten. Und am Arbeitsplatz war es dann nicht anders", fügte sie heiter hinzu. „Während ich sonst nur auf die Uhr gesehen und die Stunden bis zum Feierabend gezählt habe, konnte ich plötzlich meine Arbeit genießen. Es erfüllte mich mit Freude, wenn Kunden mit mir und meiner Arbeit zufrieden waren, ich hatte Spaß an dem Geplauder mit meinen Kolleginnen und Kollegen. Das ein oder andere lernte ich in den Gesprächen mit ihnen dazu. Und mit dem Feierabend war es ebenso", fügte sie nach einer kurzen Pause hinzu. „Plötzlich hatte ich das Gefühl, als seien die Arbeitstage, deren schnelles Vorübergehen ich früher immer erhofft hatte, lang und erfüllt." Sie schwieg.

MIRIAM SAH SIE LANGE UND NACHDENKLICH AN. „Da hat dich die nächtliche Begegnung mit dem Zauberer in deiner Seele ja wirklich verwandelt“, meinte sie leise, um kurze Zeit darauf etwas lauter hinzuzufügen: „So möchte ich auch gerne leben: jeden Augenblick voll auskosten können.“ Und dann bestellten sich die beiden jungen Frauen noch einen Eisbecher und genossen jeden Löffel davon, ohne schon daran zu denken, dass nach der Mittagspause die Arbeit wieder rief und das Wochenende noch vier Tage auf sich warten ließ.

*Von Augenblick zu Augenblick*
*will ich mich von der Gegenwart*
*verzaubern lassen,*
*will wachsam sein für die*
*geheimnisvollen Wunder,*
*die jeder Tag, ja jede Stunde*
*in sich birgt.*

*Von Augenblick zu Augenblick*
*will ich das Leben*
*hören, riechen, schmecken,*
*will mich an bunten Farben*
*herzlich erfreuen*
*und mich berühren lassen von des*
*Lebens Kraft.*

DAS *Spiegelbild*

# VOM GLÜCK, SICH SELBST ZU MÖGEN

ES WAR EINMAL EINE JUNGE FRAU, die konnte an sich selbst nichts entdecken, was sie auch nur ein wenig leiden mochte. Ihr Körper schien ihr zu plump und schwerfällig, die Füße zu groß, die Augen zu klein und die Nase zu dick zu sein. In früheren Jahren hatte sie sich oft von allen Seiten im Spiegel betrachtet, war aber daraufhin stets so traurig geworden, dass sie es eines Tages ganz unterlassen hatte. Sie wagte sich nur noch selten aus dem Haus, weil sie fürchtete, alle Leute würden sie entweder wegen ihrer vermeintlichen Hässlichkeit anstarren oder überhaupt nicht beachten. So jemanden wie mich kann man doch gar nicht mögen, dachte sie und verkroch sich mehr und mehr in ihr Schneckenhaus.

EINES SCHÖNEN TAGES aber war der Himmel so blau, die Vögel sangen in ihren schönsten Tönen und die Sonne schien so hell und warm über das Land, dass die junge Frau doch Lust verspürte, einen Spaziergang durch den Wald zu machen. Dort sieht mich ja keiner, dachte sie bei sich und machte sich auf den Weg. Sie kam durch einen herrlichen Tannenwald, durchquerte bunte Sommerwiesen und fand sich plötzlich an einem idyllischen Teich wieder. Genau in dem Augenblick, in dem sie in das klare Wasser blickte, landete ein wunderschöner Schmetterling auf ihrer Stirn. Die Berührung kitzelte sie ein wenig, und sie begann unverzüglich zu lächeln.

Und als sie in das Wasser schaute, erblickte sie dort ebenfalls ein lächelndes Gesicht, war sich aber in diesem Augenblick nicht bewusst, dass das ihr eigenes Spiegelbild war. Sie war von diesem ihr freundlich entgegen blickenden Antlitz tief berührt und dachte: „Sollte es doch einen Menschen auf dieser Welt geben, der mich anzusehen und sogar anzulächeln wagt?“ Sie wurde durch diese überraschende Erfahrung so froh in ihrem Herzen, dass sie plötzlich ganz herzhaft zu lachen begann. Auch ihr Spiegelbild lachte, und ihre Freude wurde noch größer. Dann gibt es ja doch jemanden auf dieser Welt, der mich mag, ging es ihr durch den Kopf, und sie richtete sich auf, um den Heimweg anzutreten. Aber dieses Mal wählte sie nicht den Weg durch den Wald, sondern sie wagte sich hinaus auf die Straße, die sie zu einer kleinen Stadt führte. Noch immer den Glanz des Glücks in den Augen, den ihr ihr lachendes Spiegelbild ins Herz gesenkt hatte, strahlte sie, als sie über den kleinen Markt des Städtchens bummelte. Händler boten ihr Obst und Gemüse an, Marktfrauen breiteten ihre Stoffe, Kleider oder Schmuck vor ihr aus. Niemand sah sie mit bedauernswerten Blicken an oder wandte sich gar von ihr ab. Ihr Herz wurde darüber immer fröhlicher. Noch nie in ihrem Leben hatte sie einen so bunten und geschäftigen Markt besucht.

MITTLERWEILE VERSPÜRTE SIE HUNGER und Durst und traute sich sogar in eines der mit Efeu und Rosen umrankten einladenden Gasthäuser hinein. Der Wirt war freundlich und empfahl ihr, was an diesem Tag besonders gut und frisch zu genießen wäre. Vor Freude über all diese unerwarteten Erfahrungen ließ sie sich sogar einen Becher Wein kommen, der nun wiederum das seine dazu beitrug, ihre Heiterkeit zu steigern. Und so lösten sich in diesen Stunden in der jungen Frau die großen Ängste und die so viele Jahre mit sich herumgetragenen Traurigkeiten, und sie spürte in ihrem Herzen, dass sie in ihrem Äußeren wie Inneren ein ganz normaler und ebenso liebenswürdiger Mensch war, wie jeder andere auch.

*Jetzt endlich*
*will ich nicht mehr daran denken,*
*wie häufig anderen Menschen*
*die Art meines Wesens*
*und meines Denkens*
*gestört oder auch*
*gar nicht gefallen hat.*

*Jetzt endlich*
*habe ich erfahren dürfen,*
*dass es Menschen gibt,*
*die mich einfach mögen*
*und die mich spüren lassen,*
*wie gut es ist,*
*dass es mich gibt.*

# DIE LIEBE DER *Biene*

# VOM GLÜCK BEDINGUNGSLOSER LIEBE

UNRUHIG UND BETRÜBTEN HERZENS summte die Biene zwischen Sommerflieder, Rosen und Lavendel umher. An Nahrung mangelte es ihr daher nicht, und auch die wärmende Sonne tat ihr gut. Die Tage waren lang und hell, und eigentlich hätte sie mit ihrem Bienenleben ganz zufrieden sein können, wenn nicht die tiefe Sehnsucht in ihr gebrannt hätte, endlich einmal von ganzem Herzen geliebt zu werden. Sie flog über Blumen, Felder und Äcker hinweg, doch obwohl der herrliche Sommertag im Grunde wirklich nichts zu wünschen übrig ließ, war sie zutiefst traurig in ihrem Herzen. Schließlich ließ sie sich verzagt auf einem Kohlkopf nieder und flüsterte den Grund ihres Kummers halblaut vor sich hin. Da kam eine dicke Raupe angekrochen und erlauschte die Klage der Biene. „Du bist so schön", sagte sie zu der Biene „du hast so eine zarte schwarzgelbe Haut und eine wundervolle Taille und du duftest ein wenig nach Honig. Ich will dich lieben und für dich tun, was in meinen Kräften und Möglichkeiten steht. Es stecken viel mehr Fähigkeiten und Begabungen in mir, als du auf den ersten Blick hin siehst oder ahnen kannst. Gib mir eine Chance. Glaub' mir, wir können uns gegenseitig für ein ganzes Leben lang glücklich machen." Die Raupe sprach diese Worte sehr feierlich aus, denn es war ihr durchaus ernst mit ihrer Absicht.

„WAS DENN, DU DICKE, SCHWERFÄLLIGE RAUPE, die du den ganzen Tag über nur ans Fressen denken kannst, wagst es, um mich zu werben? Nein, so stelle ich mir die Liebe nun auch nicht vor. Der, von dem mein Herz träumt, muss mir im Grunde meines Wesens ähnlich und von daher gesehen ebenbürtig sein. Er muss ein zartes Wesen haben, sich von der Erde erheben und unter dem Himmel fliegen können wie ich." Und erhabenen Hauptes schwang sich die Biene in die Lüfte und war auf und davon.

ES VERGING EINE WEILE, als die Biene, immer noch unglücklich über den Mangel an Liebe in ihrem Leben, auf einer bunten Sommerwiese einen unglaublich schönen zarten Schmetterling erblickte, mit einem filigranen, in den unterschiedlichsten Farben schillernden Muster auf seinen Flügeln, die aussahen wie ein Kunstwerk. Noch nie hatte die Biene ein so wundervolles, anmutiges Wesen erblickt, und sie verliebte sich von einem Augenblick zum anderen in dieses göttliche Geschöpf. „Ach, wie bist du zart und schön", begann sie das Gespräch mit dem Schmetterling und wagte nach kurzem Zögern, auch auf der Mohnblüte Platz zu nehmen, auf der er saß. „Noch nie habe ich ein so holdseliges Wesen wie dich erblickt. Magst du mich wohl lieben?", fragte sie.

„WIR SIND UNS SCHON EINMAL BEGEGNET", begann der Schmetterling. „Nie im Leben", unterbrach ihn die Biene, „an so ein zauberhaftes Wesen wie dich würde ich mich in jedem Fall erinnern." „Damals war ich noch nicht leicht, anmutig und zauberhaft, wie du das jetzt ausdrückst. Damals war ich noch eine dicke hässliche Raupe, die dich mit ihrer Liebe beschenken wollte." Die Biene sah verwirrt zu dem Schmetterling auf. „Konntest du mich nicht in meiner früheren Gestalt lieben, so wie ich war, wie soll ich dir da heute glauben, dass dein Herz voller aufrichtiger Liebe ist, jetzt, wo ich mich zu einem schönen bunten Schmetterling hin verwandelt habe? Dein Stolz und deine Überheblichkeit haben dich blind gemacht für das Glück, das du ersehnst und mit mir zusammen hättest finden können." Und er breitete seine prächtigen zarten Flügel aus und schwebte leicht hinweg, dem Licht des Himmels entgegen.

*Ich will andere Menschen*
*nicht nur nach ihrem Äußeren werten*
*und damit ein Urteil über sie fällen,*
*das ihrem eigentlichen Wesen*
*und damit der Schönheit ihrer Seele*
*in keinerlei Weise entspricht.*
*Vielmehr will ich der Stimme*
*meines Herzens folgen*
*und hinter der Fassade*
*von Schroffheit und Angst*
*die vielgestaltige Schönheit*
*des anderen wahrnehmen,*
*um zu erkennen, wer er denn wohl*
*eigentlich ist.*

# Sternenfahrt

# VOM GLÜCK, DIE VIELFALT DES LEBENS ZU ENTDECKEN

ICH HATTE EINEN ANSTRENGENDEN ARBEITSTAG hinter mir und war froh, als es endlich Abend war. Aus der Stadt hatte ich mir einen Salat mitgebracht, dazu goss ich mir ein Glas Apfelsaft ein. So genoss ich auf meinem Balkon in der sommerlichen Abendsonne den Ausklang des mühsamen Tages. Während ich aß, wanderten meine Gedanken durch die verflossenen Stunden zurück und verloren sich dabei in allerlei Träumen und Fantasien. Es dämmerte bereits, und die ersten Sterne erschienen, noch kaum erkennbar, am Firmament. „Ach, würde mir doch auch einmal ein Stern vom Himmel her in den Schoß fallen", träumte ich halblaut vor mich hin.

UND DA GESCHAH ES. Ich hatte gerade mein Glas Apfelsaft auf den kleinen, weißen Balkontisch gestellt, als sich mit einem Mal ein kleiner Stern von knapp einem Meter Durchmesser in meinen Armen breit machte.

„WER BIST DU DENN?", fragte ich mehr als erschrocken. „Du hast dir doch gerade gewünscht, dass dir einmal ein Stern vom Himmel in deinen Schoß fällt", beklagte sich das Sternchen fast beleidigt. „Hier bin ich. Und was willst du jetzt von mir?" „So wörtlich hatte ich das eigentlich nicht gemeint", entschuldigte ich mich für meine Verblüffung bei dem Kleinen. „Wie denn dann?", gab das Sternchen spitz zurück. „Ach weißt du, bei uns

Menschen ist das ein symbolischer Ausdruck. Wenn wir sagen, wir wünschen uns, dass uns ein Stern vom Himmel fällt, dann meinen wir damit eigentlich: Wir hoffen, dass uns einmal das ganz große Glück zufällt, ohne dass wir dafür etwas tun oder leisten müssen. „Ach so“, antwortete das Sternchen einsichtig, „das hättest du besser gleich gesagt. Aber wenn ich einmal neugierig sein darf: Was ist es denn, das dich einen solchen Seufzer ausstoßen ließ, dass ich dachte, du kannst das Leben nicht mehr ertragen, wenn ich nicht sofort in deinem Schoß lande?“

ICH BESANN MICH KURZ und erwiderte dann: „Das Leben ist so entsetzlich langweilig, weißt du. Jeden Tag das Gleiche, fünf Tage in der Woche. Und am Wochenende sieht es auch nicht viel besser aus: Weggehen, abfeiern, schlafen, und dann beginnt alles wieder von vorne.“ „Verstehe ich nicht“, meinte das Sternchen. „Das Leben ist doch voller Abwechslung und Reichtum. Sieh einmal zum Himmel hinauf“, befahl mir der Kleine. Ich tat wie er geheißen. „Alles dunkel“, meinte ich „bis auf ein paar Sterne da oben und den Mond“, gab ich zurück. „Ein paar Sterne, mehr siehst du nicht?“ Das Sternchen schien jetzt ernsthaft gekränkt zu sein. „Schau einmal da oben rechts, die Sterne, die in einem Trapez stehen, siehst du sie?“ Ich nickte betreten. „Und davor die drei

Sterne, die aussehen wie eine Deichsel?" Ich nickte erneut. Das ist das Sternbild des großen Wagens", erklärte er. Und so ging er mit mir die einzelnen Sternbilder durch, bis es Morgen wurde. Ich muss zugeben, dass ich den Himmel bisher nie so genau betrachtet hatte. Allmählich aber schwanden die Sterne und machten der aufgehenden Sonne Platz. „Sieh nur, jetzt geht die Sonne auf. Ist es nicht ein wundervolles Licht, in das Himmel und Erde sich miteinander verwandeln?" So etwas Besonderes vermochte ich nicht daran zu erkennen. Ich spürte nur, dass ich unsäglich müde war, zugleich aber auch einen unbändigen Hunger verspürte. „Ich würde jetzt eigentlich gerne frühstücken", sagte ich zu dem Sternchen, das immer noch in meinen Armen lag. „Trinkst du auch einen Kaffee?" „Nein danke", meinte der Kleine, „aber wenn du meinst, dass du dir in dieser zauberhaften Stunde unbedingt etwas zu essen holen musst, dann kannst du mir ein Glas Milch und ein Rosinenbrötchen mitbringen." „Ich habe nur noch einen Rest Rosinenstollen", gab ich kleinlaut zurück, „ich konnte ja nicht ahnen, dass du ..." „Ist in Ordnung, dann streiche bitte noch etwas Butter und Honig darauf. Und vergiss die Milch nicht. Du hast sicher keine von der Milchstraße im Kühlschrank?" „Nur H-Milch vom Supermarkt." „Notfalls auch die, aber beeile dich, sonst ist die schönste Stunde zwischen Nacht und Tag vorüber und du hast sie nur mit profanen Dingen in der Küche verbracht."

ICH TAT, WIE MIR DER STERN GEHEISSEN, und war rasch mit Kaffee, Milch und Rosinenstollen wieder da. Während ich mich auf mein Frühstück fixierte, meinte der Kleine: „Nun schau doch nicht dauernd nur auf deine Frühstücksschnitte, ich nehme dir schon nichts weg. Hörst du nicht den wundervollen Morgengesang der Vögel?" Endlich blickte ich über meinen Tellerrand hinweg. Und in der Tat: Es war ein musikalisches Treiben im Gange, das mir in seiner klangvollen Harmonie noch nie so bewusst geworden war, vermutlich auch deshalb, weil ich zumeist zu dieser frühen Morgenstunde noch zu schlafen pflegte. „Sieh doch nur, wie herrlich der Park in der Morgensonne aufleuchtet", meinte das Sternchen. „Na ja, ist halt alles grün", erwiderte ich gähnend. „Alles grün?", fragte der Kleine. „Bist du denn blind? Du hörst und siehst nichts von der Welt und wunderst dich dann, dass es dir im Leben langweilig ist! Danke übrigens erst einmal für das Frühstück. Aber nun pass auf: Du schwingst dich jetzt auf meinen Rücken, und dann will ich dir einmal die Welt mit meinen Augen zeigen. Halte dich gut fest und blicke einfach durch mich hindurch." Ich tat, wie er geheißen, aber ich muss zugeben, dass es mir schon ein wenig schwindelig wurde, als er sich mit einem rasanten Tempo mit mir zusammen in die Lüfte erhob. „Was siehst du da unten?“, fragte er mich mitten im Flug. „Nun ja, irgendso eine Stadt mit vielen Straßen und grauen Häusern“, erwiderte ich. „Du hast nur hinuntergesehen, aber nicht durch mich hindurch geschaut“, beschwerte er sich. „Stimmt“, gab ich kleinlaut zu. Von nun an gehorchte ich. Und von einer Sekunde auf die andere erschien mir wirklich die ganze Welt in einem völlig neuen Licht.

„ICH SEHE GOLDEN LEUCHTENDE KIRCHTURMSPITZEN“, rief ich begeistert, „bunte Dächer und fröhlich angemalte Häuser mit zahllosen roten und weißen Geranien in den Balkonkästen. Ach, da unten findet gerade eine Hochzeit statt mit vielen festlich gekleideten Menschen. Und neben dem Rathaus ist ein bunter Markt. Sogar ein Kinderkarussell ist dort aufgebaut, und die Kleinen sind voller Vergnügen.“ Weiter ging es über Feld und Wald, und ich nahm wahr, dass die Welt im Sommer nicht nur irgendwie grün war, sondern entdeckte die unterschiedlichsten Farbtöne der einzelnen Bäume, die sich noch einmal veränderten, je nachdem, wie das Sonnenlicht auf ihre Blätter fiel.

DANN ÜBERFLOGEN WIR FREMDE LÄNDER. Hatte ich auf bisherigen Urlaubsreisen stets nur irgendwo einen warmen Sandstrand genossen, so faszinierten mich jetzt Wüsten und Steppen, ich konnte den Löwen auf der Jagd zusehen und den Tanz der Einheimischen in ihren farbenfrohen Gewändern bei fremden Klängen bewundern. Wir flogen über ferne Meere hinweg, und ich beobachtete die sonderbarsten Fische, deren Namen ich nicht kannte. Adler kreisten unter mir und Falken, und ich lernte im Laufe meiner Reise, mit meinem Stern die Rufe der einzelnen Vögel zu unterscheiden. Völlig fasziniert war ich vom Urwald, klammerte mich bei dessen Überquerung aber doch etwas fester an meinen Stern, da ich es mir nicht als besonders gemütlich vorstellte, dort abzustürzen und in den Rachen eines Krokodils zu geraten.

ICH KANN NICHT SAGEN, wie lange unsere Weltreise ging. Jedenfalls war ich, obwohl ich ja lange nicht geschlafen hatte, nicht die geringste Spur von müde. Im Gegenteil: Ich war ganz aufgeregt von all den abenteuerlichen Erlebnissen und der Vielfalt des Lebens, die mein Herz hatten schneller schlagen lassen. Ich weiß nicht zu sagen, ob ich jemals zuvor in meinem Leben so glücklich und erfüllt gewesen bin.

GANZ BEHUTSAM SETZTE MICH DAS STERNCHEN daheim auf meinem Balkon wieder ab. „Nun“, fragte es neugierig, „findest du das Leben, nach allem, was ich dir gezeigt habe, immer noch langweilig?“ Ich schüttelte, noch ganz benommen von all den vielen Eindrücken, energisch den Kopf und träumte der Reise am Himmel in aller Stille nach, als mir plötzlich schien, als habe sich das Sternchen in Luft aufgelöst.

ABER WENN ICH AN KLAREN ABENDEN auf meinem Balkon stehe und den herrlichen, vielfältigen Sternenhimmel betrachte, dann habe ich jedes Mal das Gefühl, als ob mir von da oben rechts, ganz hinten, ein klitzekleines Sternchen liebevoll zuzwinkert.

*Es tut so gut,*
*zu lachen und zu leben*
*und mich an jedem Grashalm, jeder Blume,*
*an Sonnenschein und Regen*
*aus tiefster Seele zu erfreuen.*
*Vom Wind, da lass ich mir*
*mein Haar zerzausen,*
*vom Himmelslicht*
*die Wege weisen,*
*und abends wünsch' ich*
*allen Sternen einzeln*
*„Gute Nacht“.*

# UNTER DEM *Kirschbaum*

# VOM GLÜCK HEILENDER WUNDEN

DER WETTERBERICHT hatte einen besonders sonnigen und warmen Sommertag angekündigt, und so packte ich schon in aller Frühe meinen Rucksack und brach zu einer größeren Wanderung auf, die ich schon seit langem geplant hatte. Ich hatte mir meine Wanderroute genau festgelegt und freute mich auf den vor mir liegenden Tag. Der Gesang der Vögel gab mir Geleit, und es gelang mir rasch, in wenigen Stunden den ersten Hügel zu überschreiten und das dahinter liegende Tal zu erreichen. Der Morgentau glitzerte noch auf den Grashalmen und Gänseblümchen, und die Morgensonne zauberte einen erwartungsvollen Glanz über Wald und Wiesen. Die ganze Welt erschien mir in ihrer nahezu vollendeten Schönheit voller Poesie, die mich zu den wundersamsten Träumen in meiner Seele verführte. In meinen Gedanken formte sich eine ganze Lebensphilosophie, als ich mit einem Mal innehielt und feststellen musste, dass ich von meiner Wanderroute abgekommen war und nicht mehr im geringsten wusste, wo ich mich überhaupt befand. Ich hatte nur wenig Proviant mitgenommen, denn nach meinem Plan hätte ich zu dieser Zeit an einem Wirtshaus vorbeikommen müssen, in dem ich hatte einkehren wollen. Zum Glück entdeckte ich nach kurzer Zeit ein einsam gelegenes altes Haus, umgeben von einem wundervollen Bauerngarten. Der Phlox war von Bienen umsummt, und die

Strauchrosen überwucherten den leicht brüchig anmutenden, wohl vor längerer Zeit einmal blau bemalten Gartenzaun.

ICH NAHM ALL MEINEN MUT ZUSAMMEN und klingelte. Schon kurz darauf öffnete eine freundliche junge Frau und fragte nach meinem Anliegen. Ich erklärte ihr meine Situation und bat um ein Glas Wasser. Sie ließ mich ins Haus und lud mich ein, im Schatten des alten Kirschbaums auf einer gemütlichen alten Bank Platz zu nehmen. Es dauerte auch nicht lange, als sie mit frischer Milch und kühlem Brunnenwasser zurückkehrte. Ich solle mir doch für meine Pause genügend Zeit nehmen, meinte sie, sie müsse nur schnell nach den Kindern sehen; außerdem habe sie einen Kuchen im Ofen. Und wenn ich genügend Zeit hätte, solle ich doch warten, bis der Kuchen fertig sei, dann dürfe ich ihn auch kosten. Geschwind verschwand sie wieder im Haus. Ich packte mein Vesperbrot aus und genoss dazu die kühle Milch und das frische Wasser. Behaglich lehnte ich mich im Schatten des alten Kirschbaums zurück und döste ein wenig vor mich hin, als ich plötzlich im Rauschen des Windes eine leise Stimme wahrzunehmen schien.

„DU BIST FREMD HIER, NICHT WAHR?", schien mich der Baum zu fragen. „Ja", antwortete ich ebenso behutsam, „ich habe mich verlaufen", als der Baum antwortete: „Vielleicht hat dich auch ein gutes Omen hierher geführt." Er schwieg eine Weile. „Wieso ein gutes Omen?", fragte ich zurück. „Weil du meine Geschichte hören sollst", antwortete der Baum geheimnisvoll. „Deine Geschichte?" Ich war erstaunt. „Weißt du", begann er unaufgefordert, „es ist mir nicht immer so gut gegangen wie heute." Er schwieg eine Weile, als würde es ihm schwer fallen, von einer Zeit zu sprechen, die längst vorüber war, die aber doch ihre Spuren in ihm hinterlassen hatte. „Es ist lange her", begann er zaghaft. „Ich war damals noch ein ganz junger Baum, ja, man könnte mit Fug und Recht behaupten, dass ich sogar noch ein Bäumchen war, als mich die Familie, die hier früher wohnte, gekauft und in ihren Garten gepflanzt hatte. Ich fühlte mich anfangs so wohl in der frischen Erde, dass es mir unglaublich viel Freude bereitet hatte zu wachsen und meine Zweige in alle Himmelsrichtungen auszudehnen. Unter meinem Schutz wuchsen die herrlichsten Blumen, und in meinen Zweigen bauten Amseln und Meisen ihre Nester. Aber das Glück währte nicht lange."

ER MACHTE EINE PAUSE und mir schien, als läge ein tiefes Seufzen in dem Rauschen seiner Blätter. „Was geschah dann?“, fragte ich gespannt. „Dann“, begann er zögerlich, „nahmen sie etwas Furchtbares in die Hand, das sie Baumschere oder Säge nannten. Zuerst musste die Buchsbaumhecke dran glauben, die so fröhlich vor sich hin wuchs. Die ihr zugestandene Höhe wurde mit dem Zollstock ausgemessen, und dann ging es los. Als sie völlig akkurat aussah, wurden die herrlichen Rosensträucher beschnitten, gleichgültig, ob ihre Triebe Knospen trugen oder nicht. Nicht die Natürlichkeit der Blumen gab den Ausschlag, sondern das zuvor errechnete Maß, das einer Pflanze zum Wachsen und Blühen zugestanden wurde. Alles sah sehr ordentlich aus, aber zugleich auch unendlich traurig. Die Blumen ließen die Köpfe hängen und weinten leise vor sich hin, aber niemand schien ihre Trauer zu bemerken. Und dann“, fügte er nach kurzer Pause hinzu, „kam ich natürlich auch an die Reihe. Meine vorwitzig ausgestreckten Äste wurden radikal abgesägt, und mir wurde eine Form verpasst, die überhaupt nicht mit meiner Natur übereinstimmt. Selbst die Vögel, erschreckt durch den Lärm der Säge, schienen das zu spüren und begannen, sich andere Nistplätze zu suchen.“ Die Stimme des Baumes klang jetzt sehr traurig, so dass mir selbst zum Weinen ums Herz war.

„UND WAS GESCHAH DANN?", fragte ich gespannt. „Nichts", erwiderte er. „So ging es über Jahre. Vor lauter Traurigkeit hörte ich nahezu vollständig auf zu blühen und Früchte zu bringen. Als ich dann allerdings eines Tages die Eheleute reden hörte, dass sie einen so untauglichen Kirschbaum wie mich vielleicht doch besser ganz absägen würden, gab ich mir Mühe, wenigstens für einen Korb Kirschen zu sorgen, nur, um überhaupt am Leben bleiben zu dürfen.

DEN KINDERN ERGING ES ÜBRIGENS NICHT VIEL ANDERS. Sie wurden ebenfalls in ihrer Lebendigkeit beschnitten, indem sie ständig gesagt bekamen, was sie zu tun oder was sie besser zu lassen hätten. Einmal ist der kleine Junge in meine Krone hineingeklettert, um sich vor seiner Schwester zu verstecken. Wie wohl war es mir in dem Augenblick, als ich die kleinen warmen Kinderhände an meinen Ästen spürte und der schnelle Atem des Kleinen durch meine Blätter fuhr." Er schien wehmutsvoll zu lächeln, als er davon erzählte. „Aber schon stand seine Mutter mit in die Hüften gestemmten Fäusten unter mir und schimpfte mit ihrem Sohn wie ein Rohrspatz, vor allem, weil sich das Kind ein wenig schmutzig gemacht hatte. Nie wieder hat der Junge daraufhin versucht, in mir herumzuklettern. Die Kinder mussten immer weiße Kniestrümpfe und weiße

Schürzen tragen", fuhr er fort. „Manchmal hat es mich geradezu verwundert, dass sie mir nicht auch noch eine weiße Schürze umgebunden haben", fügte er ironisch hinzu. Ich trank noch einen Schluck kühlen Wassers und fragte neugierig: „Und wie ist es dann weitergegangen?"

„ALS DIE KINDER ERWACHSEN GEWORDEN und aus dem Haus gegangen waren, verkauften ihre Eltern das Haus. Und jetzt", seine Stimme klang nun heiter, „darf ich sein und leben und wachsen wie ich will und wie es meinem Wesen entspricht. Und aus lauter Dankbarkeit dafür blühe ich im Frühjahr auf und bringe im Sommer reichlich Frucht zu meiner eigenen Freude und zur Freude derer, die es so gut mit mir meinen."

NACHDENKLICH SAH ICH VOR MICH HIN UND ÜBERLEGTE, wer denn während meiner eigenen Erziehung im Laufe früherer Jahre in mein Werden und Wachsen eingegriffen hatte, wie es um meine eigenen Wunden bestellt war und welche ungelebten Träume seit meinen Kindheitstagen in mir schlummerten und bisher nicht zum Leben gekommen waren. Urplötzlich begriff ich die Worte des Baumes von dem guten Omen, das mich den Weg zu diesem Haus und unter seine Krone geführt hatte, und spürte zugleich eine unbändige Kraft in mir.

IN DIESEM AUGENBLICK KAM DIE JUNGE FRAU aus dem Haus, in den Händen einen großen Teller mit frischen Kirschkuchenschnitten. „Den müssen Sie jetzt aber noch kosten!", lud sie mich ein und reichte mir auch noch einen Becher frischen Kaffees dazu. „Danke, gern", erwiderte ich von ganzem Herzen und genoss jede einzelne Kirsche auf dem Kuchen, von der ich wusste, dass sie eine Frucht der Dankbarkeit dafür war, dass der große Kirschbaum nach so vielen Verletzungen jetzt zu seiner eigenen Form und Gestalt hatte finden dürfen.

*Die Wunden von gestern*
*will ich nicht länger beklagen,*
*sie sind überwachsen*
*im Laufe der Zeit,*
*und ihre Narben*
*kann ich jetzt endlich*
*ertragen.*
*Heute will ich nur wachsen,*
*blühen und Frucht bringen,*
*so wie es meinem eigentlichen*
*Wesen und Leben entspricht.*

# DER *Zwergenstaat*

# VOM GLÜCK, AUCH ANDEREN ETWAS ZU GÖNNEN

ES IST WOHL SCHON EINE GANZE WEILE HER, zumindest so lange, dass man sich in eine Zeit zurückversetzen muss, in der es noch richtige Zwerge gab, die irgendwo im tiefen Wald in ihrer eigenen kleinen Welt hausten. In dieser kleinen Welt hatten sie für sich auch eine eigene Gesellschaftsordnung entwickelt, nach der sie sogar ihr Staatswesen benannt hatten: Es war eine „Egokratie", eine Herrschaft, die nur dem Vorteil, dem Gewinn und der Selbstverwirklichung des einzelnen diente. Jeder Zwerg bemühte sich ständig, die anderen zu benachteiligen. Wenn sich die Zwerge zum Beispiel zum gemeinschaftlichen Mahl zusammenfanden und auf ihren niedlichen grün angestrichenen Holzstühlchen Platz nahmen, so hielten sie es darauf kaum so lange aus, bis das Essen hereingetragen worden war. Natürlich hatten die Zwerge, die in dieser Woche Küchendienst hatten, sich bereits die schmackhaftesten und besten Bisse einverleibt. Aber es entstand zumeist um den Tisch herum allabendlich eine Schlacht um die noch verbliebenen guten Stücke auf den Tellern, so dass der schöne grüne Holztisch oftmals in brauner, klebriger Sauce schwamm und im Eifer des Gefechts bisweilen so manches leckere Bratenstück, zur Freude für Ratten und Mäuse, auf dem Fußboden landete. Jeder nahm sich mehr, als er eigentlich essen konnte, allein schon, um den anderen nichts zu gönnen. Und so ging es mit allem, was Essen und Trinken anbelangte, so dass diejenigen, die am Abend als erste den Weinkrug in den Händen hielten, auch die ersten waren, die betrunken danieder lagen.

EBENSO VERSUCHTEN SIE SICH vor der leider nicht immer ganz unumgänglichen Arbeit zu drücken, so gut sie es irgend vermochten. Entweder waren sie wirklich betrunken, oder sie heuchelten eine Krankheit vor, oder sie suchten sich ein paar junge und noch unerfahrene Zwerge, denen sie das Blaue vom Himmel herunter versprachen, wenn sie für sie die Arbeit erledigen würden. Derweil die Letztgenannten also für die faulen Zwerge schufteten, pflegten diese sich das netteste Häuschen und bequemste Bett zu suchen, um ihren Rausch auszuschlafen oder um einfach nur zu faulenzen. Sofern sie Glück hatten, fand sich auch sonst noch so einiges in fremden Schränken und Taschen, das ihnen für den eigenen Bedarf außerordentlich nützlich und unverzichtbar zu sein schien. Nur mussten sie in Zukunft auf der Hut davor sein, dass die Bestohlenen ihr Eigentum nicht unter den Sachen des neuen Besitzers fanden, denn unter ihnen herrschte das Faustrecht, durch das so mancher Zwerg schon eine stark verbeulte Nase bekommen hatte. Im schlimmsten Falle war sogar schon einmal einer der kleinen Gesellen bei Nacht und Nebel einen Kopf kürzer gemacht worden, was bei der Größe eines Zwerges allerdings schon eine ganze Menge ausmacht.

GING MAN INS KONZERT oder zu einer Sportveranstaltung, versuchte jeder, sich den besten Platz in der ersten Reihe zu erkämpfen, ohne Rücksicht darauf, ob hinter ihm vielleicht ein noch kleinerer Zwerg saß, der daraufhin gar nichts mehr sehen konnte. In diesem ständigen Kampf darum, nur nicht zu kurz zu kommen, sondern im Gegenteil, möglichst immer und überall vorneweg zu sein, war so etwas wie eine freundschaftliche Beziehung natürlich überhaupt nicht denkbar. Zudem herrschte, wie man sich leicht vorstellen kann, ständig eine gereizte und aggressive Atmosphäre, an die sich die Zwerge allerdings im Laufe der Jahre derart gewöhnt hatten, dass sie es sich anders auch gar nicht mehr vorstellen konnten.

NUN BEGAB ES SICH, dass sich eines Tages einer der älteren und besonders ausgebufften Zwerge vom Heimatort entfernte, weil ihm zu Ohren gekommen war, dass weit hinter dem Wald die herrlichsten Himbeersträucher wachsen würden, die die köstlichsten und süßesten Früchte versprachen. Davon wollte er kosten. Da er nun einmal ein Kind seines Staates war, hatte er natürlich niemandem von diesem Vorhaben erzählt, denn ansonsten hätte er die Herrlichkeiten womöglich noch mit einem anderen Zwerg teilen müssen.

ER WAR UNENDLICH LANGE auf seinen kurzen Beinen gelaufen und schien seinem Ziel schon ganz nah zu sein, als er mit einem Mal Stimmen vernahm. Erschrocken verkroch er sich hinter einer Tanne, versuchte aber dennoch zugleich, vorsichtig durch das Unterholz zu blinzeln. Da sah er im Wald eine Lichtung, auf der sich ganz große Wesen eingefunden hatten. Er vermutete, dass das Riesen waren, von denen man in der Märchenwelt der Zwerge bisweilen allerhand Furchtbares und Gewalttätiges zu erzählen wusste.

DIE VIER RIESEN, von denen zwei männlich und zwei weiblich waren, ließen sich gerade auf einer bunten Decke nieder und öffneten eine ganze Reihe von Taschen und Körben, deren Inhalt verführerisch duftete, vor allem, wenn man bedenkt, dass unser Zwerg unendlich lange gelaufen, aber seine ersehnte Himbeerhecke bisher nicht erreicht hatte. Und dann beobachtete er etwas, das ihn in totale Verwirrung stürzte. Jeder Riese gab den anderen Riesen etwas von dem ab, was er in seiner Tasche oder in seinem Korb hatte. Die blonde Riesin hatte zum

Beispiel einen bunten Salat dabei, aber anstatt sich selbst den größten Teil davon zu sichern, verteilte sie alles gleichmäßig auf vier Teller. Auch der dunkelhaarige Riese neben ihr legte auf jeden Teller einen großen halben gebratenen Vogel, der vielleicht ein Huhn oder ein Hahn sein mochte. Jeder bekam einen gleich vollen Becher Bier. Erst als alle zu essen und zu trinken hatten, wünschten sie einander einen guten Appetit und begannen mit dem Verzehr ihrer Mahlzeit. Später wurden auf ebenso befremdliche Art und Weise auch Kaffee und Kuchen miteinander geteilt.

DIE VIER RIESEN waren dabei außerordentlich fröhlich und ausgelassen, eine Stimmung, die unserem Zwerg ebenfalls völlig fremd, aber keineswegs unangenehm war. „Mensch, ist das heute ein schöner Tag", hörte er plötzlich einen der jungen Riesen rufen. Was hörte er da? Sollten das etwa Menschen sein, von denen die Märchen- und Sagenbücher der Zwerge auch so allerhand Abenteuerliches und Unheimliches zu berichten wussten? Waren Menschen denn so groß wie Riesen? Er konnte das leider nicht beurteilen, denn er hatte ja noch nie einen wirklichen Riesen gesehen. Leicht benommen von den vielen Eindrücken stahl er sich mitsamt seinem leeren Magen zu seinem Ursprungsort zurück, wo sein

Fehlen schon allein dadurch aufgefallen war, als ein paar andere Zwerge heute einmal zu den größten Bratenstücken gekommen waren. Er erzählte keinem von den anderen, wo er gewesen war und was er beobachtet hatte. Aber er wollte am nächsten Tag die Probe aufs Exempel machen.

BEIM FRÜHSTÜCK DRÄNGELTE ER sich nicht wie sonst vor alle anderen, um das leckerste Obst, das größte Stück Käse oder die saftigste Scheibe Schinken zu ergattern, sondern er reihte sich irgendwo in die Schlange der Zwerge mit ein. Als ihm der Zufall tatsächlich ein besonders großes Stück Schinken auf seinen Teller bescherte, nahm er sein Messer, schnitt es in der Mitte durch und gab einem anderen Zwerg davon, der ein äußerst bescheiden zu nennendes Stück erwischt hatte. Als die anderen Zwerge merkten, was passiert war, wurde es augenblicklich still. Was war denn bloß in den gefahren, dachten sie, sagten aber nichts. Ob der sich bei seinem gestrigen Ausflug, von dem er erst so spät zurückgekommen war, aber nicht ein Sterbenswörtchen erzählt hatte, mit einer schlimmen Krankheit infiziert hatte, die das Gehirn in Mitleidenschaft gezogen hatte? Denn ganz normal konnte der ja nicht mehr sein. Man würde ihn beobachten müssen.

UND IN DER TAT: Der Zwerg setzte sein sonderbares Verhalten auch an den kommenden Tagen fort. Beim Abendessen wartete er, bis alle anderen genommen hatten, und ging, wie man sich denken kann, dabei selbst natürlich gänzlich leer aus. Seinen Nachtisch schenkte er einem ganz jungen Zwerglein, das gar nicht wusste, wie ihm geschah und vor Freude über die unerwartete zweite Portion Schokoladenpudding vergnügt in die kleinen Hände klatschte, was nun auch wiederum unseren Zwerg zum Lächeln brachte. Kein Wunder also, dass die anderen Zwerge mittlerweile etwas von ihm abrückten. Man hoffte nur, dass die Krankheit, die ihn offenbar befallen hatte, nicht ansteckend war. Aber man konnte ja nie wissen. Als sich sein Verhalten nach drei Tagen noch nicht wieder normalisiert hatte, überlegte man im Stamm der Zwerge, ob man ihn im Krankenhaus in einer besonderen Zelle für Irre unterbringen oder gleich ins Gefängnis stecken solle, denn immerhin gefährdete er die öffentliche Ordnung.

DOCH DAZU KAM ES NICHT. Ein anderer Zwerg hatte an unserem Außenseiter bemerkt, dass der an jedem Tag seines neuen Verhaltens ein klein wenig gewachsen war. Das war ihm aufgefallen, weil der andere ihn zuvor immer um eine halbe Zipfelmützenlänge überragt hatte. Und jetzt war es eine ganze Länge. „Das wollen wir doch einmal sehen", sagte er leise zu sich selbst, „ob das Geben und Teilen einen Zwerg wachsen lässt."

GESAGT, GETAN. Er wurde der zweite Zwerg im Staate, der von nun an die althergebrachten gesellschaftlichen Spielregeln missachtete und nicht mehr nach ausschließlich egoistischen Kriterien mit den anderen umging. Und siehe da, der Erfolg war auf seiner Seite; auch er stellte mit freudigem Herzen fest, dass er von Tag zu Tag um einige Zentimeter wuchs.

EINIGEN DER ANDEREN ZWERGE blieben diese Veränderungen natürlich nicht verborgen, so dass sie ebenfalls, nun wirklich neugierig geworden, von den alten Traditionen abließen. Das versetzte nun die ganz auf ihre konservativen Verhaltensmuster eingefleischten alten Zwerge in Wut, und sie machten sich die größten Vorwürfe, dass sie nicht gleich mit dem ersten Zwerg, der die Frechheit besessen hatte, Bescheidenheit und Rücksichtnahme bei ihnen einzuführen, kurzen Prozess gemacht hatten. Jetzt war es dazu zu spät.

DIE HÄLFTE DER ZWERGENSCHAFT übte sich derweil in den radikal neuen Verhaltensweisen von Geben und Teilen. Sie waren oft in einer unerhört heiteren Stimmung dabei und wuchsen dabei täglich mehr und mehr über sich selbst hinaus. Wahre menschliche Größe erreichten sie aber erst, als sie sich in erster Linie darum bemühten, jeden anderen rundum glücklich und zufrieden zu machen.

*Wie wunderbar und frei*
*kann man doch leben,*
*wenn man nicht alles haben,*
*nicht immer oder überall*
*das Beste kriegen muss.*

*Wie wunderbar und frei*
*kann man doch leben,*
*wenn man von Herzen teilen*
*und anderen auch Gutes*
*und Schönes gönnen kann.*

# DIE WUNDERSAMEN *Stiefel*

# VOM GLÜCK, DEN EIGENEN WEG ZU FINDEN

ES WURDE LANGSAM HERBST, und ich stellte fest, dass ich für den kommenden Winter unbedingt noch ein Paar neue Stiefel brauchte. Also betrat ich an einem der letzten sonnigen und warmen Septembertage ein Schuhgeschäft in der Stadt und suchte auf den Regalen, ob ich etwas Passendes fände. Eigentlich hatte ich mir ein Paar schwarze Schaftstiefel vorgestellt, solche, die, wie man so schön zu sagen pflegt, zu allem passen. Aber auf magische Weise zog mich ein ganz anderes Paar an: Sie waren aus leuchtend rotem Leder gemacht, hatten schwarze Schnürsenkel, einen ebenfalls schwarzen kleinen Absatz und waren oben mit einer schwarzen Fellkante ganz allerliebst abgesetzt. Ich probierte sie und sie saßen buchstäblich „wie angegossen". Ich überlegte hin und her, denn im Grunde genommen passten diese Stiefel in keinster Weise zu meiner Garderobe. Die Verkäuferin kam und meinte, dass mir diese Stiefeletten aber gut stünden, eine Äußerung, die mir in ihrer verkaufsträchtigen Absicht zutiefst zuwider war. Als sie allerdings hinzufügte, dass dies das letzte Paar von diesem Modell sei, entschloss ich mich, jeder Vernunft zuwider, dennoch zum Kauf.

WIEDER ZU HAUSE ANGEKOMMEN, suchte ich zunächst einmal im Kleiderschrank nach irgendwelchen Hosen, Röcken und Jacken, die zu meiner neuen Fußbekleidung passen würden, allerdings ohne Erfolg. Ich überlegte gerade, ob ich die Stiefel einpacken und ins Geschäft zwecks Umtausch zurücktragen sollte, als ich plötzlich eine Stimme vernahm: „Du wolltest dich doch immer schon einmal neu einkleiden und deinen Typ verändern, komm, dann lass uns gehen." Ich dachte, dass ich wohl leicht übermüdet und von der vielen Arbeit in den letzten Wochen nervlich vermutlich leicht überreizt sei, und ließ mich erschrocken auf mein Bett fallen. Aber da hörte ich die Stimme wieder: „Nun steh' endlich auf und zieh' mich an. Die Geschäfte schließen bald, also, worauf wartest du noch?" Wie in Trance hörte ich auf die Stimme, von der ich immer noch nicht so genau wusste, woher sie kam, zog meine roten Stiefelchen an und machte mich auf den Weg. Relativ schnell war ich wieder in der Stadt. Ich wollte gerade an einer kleinen Boutique vorbeihasten, als meine Stiefel so abrupt stehen blieben, dass ich fast gestürzt wäre. „Hier fangen wir an", hörte ich die Stimme wieder, und allmählich dämmerte mir, dass sie aus meinen neuen Stiefeln kam. „Also gut", antwortete ich erschrocken und gehorsam zugleich und betrat schüchtern das vornehme Bekleidungsgeschäft. Als die elegant gekleidete Verkäuferin erschien, begann ich schon fast den Mut zu verlieren, aber meine Stiefel blieben im wahrsten Sinne des Wortes standhaft. Sie zwangen mich geradezu, zu einem bestimmten Kleiderständer zu gehen. „Ach, Sie suchen eine Kombination aus einem schwarzen Rock und einem roten Blazer?“, fragte die Bedienung freundlich. Ich nickte hilflos und ließ mich von meinen Stiefeln in die Umkleidekabine führen. Noch nie in meinem Leben hatte ich so elegante Mode getragen. Als ich in den Spiegel blickte, erkannte ich mich selbst nicht wieder. Ich hatte gar nicht geahnt, wie elegant und weiblich ich aussehen konnte. Die Verkäuferin brachte mir noch eine schicke Bluse dazu, und als meine Stiefel mit mir direkt vor der Kasse Halt machten, gab ich der Verkäuferin durch ein Kopfnicken das gebührende Zeichen, dass ich diese drei zuvor probierten Teile nun auch käuflich zu erwerben wünschte. Mein Portemonnaie war von dieser Aktion nicht ganz so begeistert wie meine Stiefel, aber dankenswerterweise teilte sich das nicht auch noch durch verbale Äußerungen mit. Zudem wusste ich ja, dass in drei Tagen der nächste Monatslohn auf meinem Konto sein würde.

EIGENTLICH WOLLTE ICH NUN GLÜCKLICH und zufrieden nach Hause gehen, doch meine Stiefel zwangen mich in die entgegengesetzte Richtung. Plötzlich befand ich mich in einem Frisiersalon, und mir nichts dir nichts saß ich auch schon unter der Schere eines Modefriseurs und ließ mir einen feschen neuen Haarschnitt verpassen.

Nachdem ich, wiederum nicht ganz freiwillig, auch noch ein neues Make-up erstanden hatte, gaben meine Stiefel endlich Ruhe und ich durfte, jetzt todmüde, den Heimweg antreten.

IN DER FOLGENDEN NACHT schlief ich unruhig und träumte allerhand wirres Zeug von Wegen, die ich gehen wollte oder musste, und von Hürden, vor denen ich mich fürchtete, die ich aber zu nehmen hatte wie ein Gaul. Als der Wecker klingelte, wollte ich mich gerade noch einmal gemütlich im Bett umdrehen und etwas vor mich hindösen, als meine Stiefel schon wieder das Kommando gaben. „Aufgestanden", riefen sie fröhlich, „die Arbeit ruft!" „Weiß ich", gab ich verschlafen zurück, doch ich hatte keine Chance. Die Stiefelchen veranstalteten neben meinem Bett einen solchen Tanz mit ihren klappernden Absätzen, dass es auch nichts nützte, die Decke fest über die Ohren zu ziehen. Ich gab mich geschlagen und stand kurz darauf unter der Dusche. Klar, dass ich nach dem Frühstück mit äußerst flinken Schritten zur Stadtbahn kam.

IM BÜRO WAREN MEINE KOLLEGINNEN und Kollegen nicht wenig erstaunt über mein neues Outfit. Zudem hatten sie mich noch nie so pünktlich an meinem Schreibtisch gesehen. „Was ist denn mit dir los, du scheinst ja über

Nacht ein völlig neuer Mensch geworden zu sein", riefen einige von ihnen erstaunt. Ich nickte nur und machte mich an die Arbeit. Dabei hoffte ich inständig, dass die Stiefel an meinen Füßen wenigstens während dieser Zeit Ruhe gaben. Was hätten denn die anderen denken sollen, wenn ich mich plötzlich mit meinen Füßen zu unterhalten schien. Meine Hoffnung erfüllte sich. Nur, als ich, wie gewohnt, die Mittagspause überziehen wollte, drängten sie mich pünktlich zurück in die Richtung meines Büros. Lustlos nahm ich die angefangene Arbeit wieder auf.

ENDLICH WAR FEIERABEND, und ich hatte Lust, in der Stadt noch einen Kaffee trinken zu gehen. Aber da hatte ich die Rechnung mal wieder nicht mit meinen neuen Schuhen gemacht, die ganz andere Ideen hatten. „Du bist doch nicht sonderlich zufrieden an deinem Arbeitsplatz", begannen sie das Gespräch vorsichtig an einer einsamen Straßenecke, an der uns niemand hören konnte. „Stimmt", gab ich müde zurück, „aber es ist eben, wie es ist." „Was würdest du denn eigentlich gerne machen?" „Ach, eigentlich würde ich gern die Fachhochschulreife nachholen und dann vielleicht studieren", gab ich zurück. „Und warum machst du das dann nicht?" „Ich weiß nicht", antwortete ich zögerlich. „Irgendwie fehlt mir der Mut dazu. Vielleicht schaffe ich das ja auch gar nicht." „Wenn du es nicht ausprobierst, wirst du auf diese Frage nie eine Antwort finden", stellten meine Stiefel sachlich fest, um dann fortzufahren: „Wann hattest du dir denn gedacht, deine Lebensträume in die Tat umzusetzen?" Ich schwieg betroffen, als sie fortfuhren: „Wenn du alt und grau bist oder wann?" „Nein, aber ..." „Nichts aber", hörte ich gerade noch, als meine Stiefel im wahrsten Sinne des Wortes auf dem Absatz kehrt machten und ich wohl oder übel damit zugleich auch die Richtung ändern musste. Es dauerte nicht lange, als wir vor dem Eingang der Berufsschule standen. Das Sekretariat war noch offen, und unter dem Druck meiner Stiefel war ich eine Viertelstunde später für das kommende Schuljahr für das Berufskolleg angemeldet. „Na siehst du, es geht doch", freuten sich die Stiefelchen und genehmigten mir jetzt auch, meine Schritte in die Richtung zu einem netten Café setzen zu dürfen.

MEIN CHEF STAUNTE AM NÄCHSTEN TAG NICHT SCHLECHT, als ich ihm, nicht ganz ohne Druck von unten her, die Kündigung überreichte. „Was ist denn mit Ihnen los, Sie sind ja plötzlich ein ganz neuer Mensch geworden." Diese Worte hatte ich ja schon einmal gehört und wunderte mich fast ein wenig über mich selbst. Aber im Grunde genommen hatte ich ja all diese Entscheidungen nicht selbst getroffen. Ich hatte nur das getan, was mir meine wundersamen Stiefelchen befohlen hatten. Doch wenn ich das erzählt hätte, dann hätte mich ja sowieso jeder für verrückt erklärt und eher in eine Irrenanstalt gesteckt als mir das Berufskolleg zuzutrauen. Aber es war ja auch nicht nötig, irgend jemandem von dem Geheimnis an meinen Füßen zu erzählen.

UNTER DEM DRUCK meiner roten Stiefelchen und der Regelmäßigkeit, mit der sie mich zum Besuch des Unterrichts zwangen, konnte ich ein Jahr später tatsächlich die Fachhochschulreife erfolgreich ablegen. Einige meiner Klassenkameradinnen wunderten sich zwar, dass ich auch im Hochsommer immer meine roten Stiefel trug, hielten das aber irgendwann entweder für einen Modegag oder für eine persönliche Marotte von mir, was ja auch irgendwie zutraf. Aber schon bald hatten sich alle daran gewöhnt. Vor allem ich selbst konnte mir mein Leben ohne meine hilfreiche Fußbekleidung gar nicht mehr vorstellen. Sie halfen mir, meinen Weg zur Uni zu finden und nach und nach auch noch vieles von dem zu verwirklichen, was bisweilen in meinen Träumen und Wunschfantasien herumgegeistert war, was ich allerdings, aus welchen Gründen auch immer, lange Zeit vor mir hergeschoben oder im Grunde meines Herzens schon ganz aufgegeben hatte. Ich muss zugeben, dass mein Leben jetzt wesentlich erfüllter und glücklicher verlief als jemals zuvor.

EINES ABENDS, ALS ICH MICH ZU BETT GELEGT und meine Stiefelchen wie gewohnt liebevoll auf meinen Bettvorleger gestellt hatte, begann ich, wie mittlerweile üblich geworden, mit der Frage, was wir denn am nächsten Tag unternehmen würden. „Wir", antworteten sie, „werden von nun an gar nichts mehr zusammen unternehmen. Ich habe meinen Dienst getan. Morgen kannst du mich in den Mülleimer werfen." Ich wurde blass. „Aber ..." „Nichts aber", antworteten sie mit den gleichen Worten, die ich so oft von ihnen gehört hatte. „Ich habe dich auf die Spur gebracht, damit du mit deinem Leben mal endlich in Tritt kommen konntest." Ich nickte und schluckte die aufsteigenden Tränen hinunter. „Jetzt heul' nicht!", befahlen sie ein wenig barsch, sonst wird es mir auch noch weich ums Leder." Da musste ich schon fast wieder lächeln, denn noch nie zuvor hatte ich meine strengen Begleiter so gefühlvoll erlebt. „Du musst jetzt allein deinen Weg finden. Wenn dich der Mut verlässt, dann stellst du dir einfach vor, dass ich dich in Schwung bringe, um das anzupacken, was du wirklich willst." Ich nickte wieder, und über meinen Tränen schlief ich ein.

ALS ICH AM NÄCHSTEN MORGEN ERWACHTE und meine roten Zauberstiefelchen auf dem Bettvorleger stehen sah, sahen sie aus wie ein ganz normales Paar relativ abgewetzter, alter und auch nicht mehr ganz modischer Schuhe. Ich holte mir ein Paar Mokassins aus dem Schrank und machte mich zögerlich auf den Weg. Da schien mir als hörte ich eine Stimme, die mir zurief: „Nun beeile dich schon, sonst kommst du noch zu spät zur Vorlesung!" Und während ich zu laufen begann, wusste ich, dass ich die kleinen roten Stiefel nun zwar nicht mehr an meinen Füßen, aber in meinem Herzen weiter trug.

*Heute*
*stehe ich auf*
*und sage meiner*
*lähmenden Trägheit*
*den Kampf an.*

*Heute*
*stehe ich auf*
*und verwirkliche*
*endlich einmal das,*
*was ich will.*

SCHÖNE GESCHENKIDEEN
VON CHRISTA SPILLING-NÖKER
IM VERLAG HERDER

Einfach danke
ISBN 3-451-27763-8

Einfach aus Freude
ISBN 3-451-27778-6

Einfach glücklich
ISBN 3-451-27764-6

Einfach aus Liebe
ISBN 3-451-27779-4

Kraft der Seele

Der verborgene Zauber der schwarzen Turmaline

ISBN 3-451-27673-9

Mit atemberaubenden Fotografien entführt uns Paul Rustemeyer in die geheimnisvolle Innenwelt des schwarzen Turmalins. Auf einer Reise in das Innenleben der Kristalle nähern wir uns durch die traumhaften Fotografien und meditativen Texte von Christa Spilling-Nöker dem Geheimnis unserer Seele an.

Wir entdecken unseren inneren Reichtum und spüren etwas von der Stärke, die in uns steckt. Ein einzigartiges Buch voller Kraft, Anmut und innerer Schönheit.

www.herder.de
Gesamtgestaltung: R·M·E
Roland Eschlbeck/Katharina Steinmetz
Satz: Uwe Stohrer, Freiburg
Herstellung: fgb · freiburger graphische betriebe 2002
www.fgb.de
ISBN 3-451-27771-9